エボダイ
甘ダイ
1皿 1,500円
あじ
1皿 800円
新さんま
1皿 1,000円

P.M. 3：00　プロたちで賑わう時間

午後３時頃、積み荷を満載したトラックが店に到着すると、
料理人などプロの仕入れ業者たちで賑わう。
業者は常連ばかりなので、荷卸しを手伝ったり、
買うものはセルフサービスで袋に詰めたりと手慣れたもの。

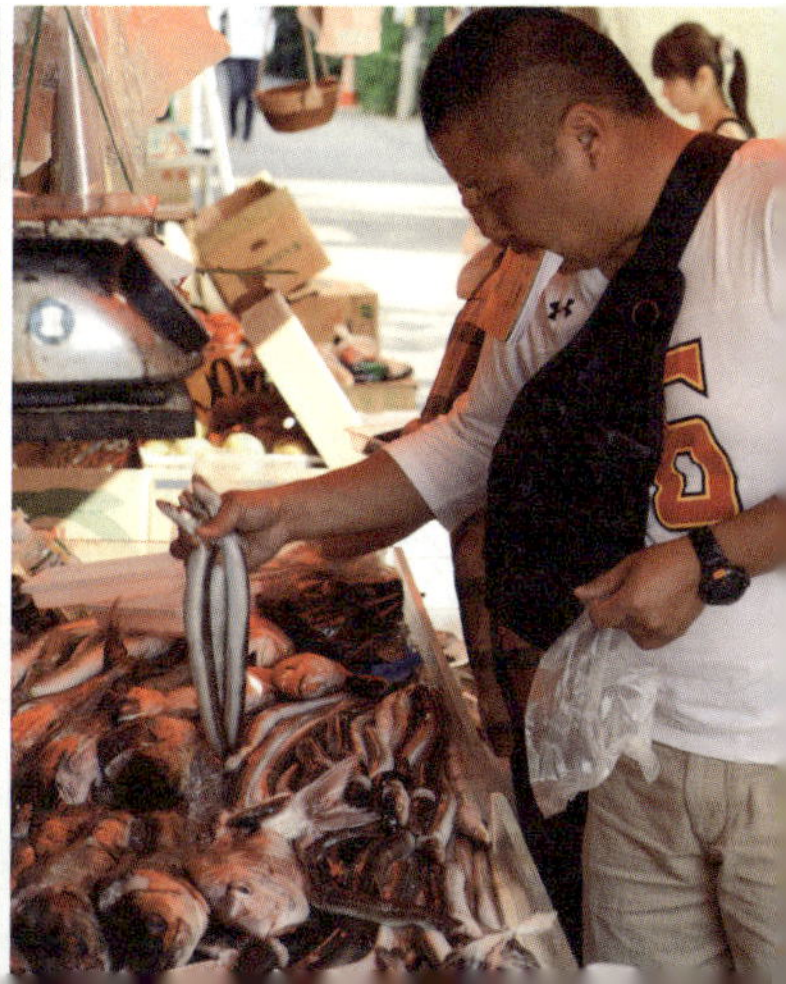

（上）並んでいる魚をよく見ると、頭の部分で
活け締めにされているのがわかる。鯛は姿を大事にするため、
目立たないように処理されている。活け締めの魚は鮮度が
保ててうまみも増すが、一尾一尾処理する手間がかかるため、
普通の鮮魚店でここまでたくさん並ぶことはまずない。
（下）白イカやスミイカなど、飲食店向けの高級イカも並ぶ。
もちろん一般客も買うことは可能。

作業場では兄弟２人がスピーディに次々と魚介をさばいていく。
鮮度を大事にしているので、貝類も市場で処理されたものを
買い付けるのでなく、一つ一つすべて自分たちでさばいている。
普通は出刃包丁を使って解体する大型魚も、なんと切り身用の
細い薄刃の牛刀ですべてさばいてしまう！

P.M. 4：００　刺身が並びはじめる

ショーケースには、作業場でさばいた刺身が
どんどん並んでいく。その日の仕入れによって
何が並ぶのかはお楽しみ。この日は数種類のエビ、
白イカ、活け締めのアジなどが並んでいた。

P.M. 5：００　一般客がメインに

夕方になると電球の明かりが灯り、
一般のお客さんたちがメインとなる。金太郎イワシ（P59）や
カツオのハラス（P73）など、普通の魚屋では見ることのない
とびきり美味しい魚も無造作に並んでいるので、
まずは今日は何がおすすめなのか、聞いてみるのがいちばん。

店を切り盛りする三姉弟。
祖父の代から数えて三代目、
という生粋の魚屋だ。

はじめに

魚キヨの話

東京・恵比寿。

駅を行き交う人々でごった返すＪＲの西口改札から歩いて30秒。古めかしい雑居ビルの一角に「魚キヨ」という鮮魚店がある。

飾り気のない裸電球、天井から吊られた釣り銭ざるなど、昭和を感じさせる気取らない店構えは、「そういえば、昔の魚屋ってこんな感じだったよな」と思わず懐かしくなる。店を仕切るのは、見るからにいかつい（？）風情の男２人ときっぷのよさそうなお姉さんたち。

「じいちゃんの代から魚屋で、うちらで三代目。今は姉と弟２人の三姉弟と長男の嫁さんとで店をやってる。昔は親戚中が魚屋だったから、結婚披露宴の食事に魚が出てきたりすると、いちいち文句いったりしてうるさくてね。収拾つかないから中華がお決まりだったくらいなんだけど（笑）、みんな後継ぎがいないから廃業して、今はこの店と江東区の本家だけ。一昔前まではどこの町内にも一軒は魚屋があったものだけど、本当に少なくなっちゃったよね」

魚をいっぱいに積んだトラックが店に横付けされると、時間を見計らって来たらしい料理人や一般の客で小さい店はたちまち溢れ、その一角だけ人だかりができる。兄弟たちは真剣な表情で料理人と商売の話をしつつ、「刺身をちょうだい」という主婦のオーダーにも応えて次々とマグロやヒラメをさばき、姉は刺身の皿を氷の上にどんどん！　と並べていく。取りつく島もなさそうで、初めて訪れた人には少し声をかけづらい雰囲気かもしれない。だが、ちょっと勇気を出して一歩足を踏み入れてみてほしい。ここは魚がとびきり旨い！と評判の、知る人ぞ知る鮮魚店なのだ。

スーパーではまずお目にかかれない、生のアナゴや特大のカマス、丸のタチウオ、殻つきの立派な貝類など、天然ものにこだわって毎日仕入れてくる季節の魚介がずらり。築地の仲買人たちも一目置くという目利きの兄弟が吟味したものだ。

といっても、魚キヨで扱うのはいわゆる〝ブランド魚〟や〝高級魚〟ばかりではない。天然ものなのに毎日でも買える値段で、「今日はこの魚が絶対旨いから、とにかく食べてみてくれ！」という自信と心意気に溢れている。

店の常連の中には、夕方になると毎日欠かさず買いにくる客、店が混む時間帯を外して大量にまとめ買いをしていく客もいる。聞けば、「魚キヨに通うようになってから、魚を自分で料理して食べることが楽しみで仕方ない」のだという。

そこまで魚キヨにハマってしまう理由は、「とにかく旨い魚を食べてほしい！」という三姉弟の情熱にあると思う。ただ魚を売っておしまい、ではなく、魚キヨではたまらなく食欲を刺激する、それはそれは旨そうなおすすめの食べ方や調理法を惜しげもなく教えてくれるのである。

たとえばある日はこんなふう。

「今日のブリは最高に旨いから、照り焼きもいいけどまずは塩焼きでいってみてよ。脂ののりがいいから塩をふって一晩ねかせると塩のカドが取れてさらにうまみが凝縮するよ。で、余ったら翌日は大根と一緒に甘辛く煮てブリ大根にするのもいいね。とろっとして味がしみて、これまた抜群に旨いんだ。酒もご飯もめちゃくちゃ進むよ！」

また、初夏の麦イカを目の前に、どう調理すればいいのか迷っていたある日は……。

「この麦イカは味がしっかりしているから10分くらいゆでて、シンプルに塩とオリーブオイルだけで食べるのもおすすめ。食感がムチムチッとして、甘みもあって美味しいわよ。トマトやバジルのソースでも合うし、あとバルサミコ酢をかけると、ちょっとした店のイタリアンみたいになるから、ぜひやってみて！」


これには本当にヤラレてしまう。実際にその通りにやってみると、さすがは魚を知り尽くしたプロが教える食べ方だけあって、どれも簡単な調理法でいて、魚料理が苦手な人でも驚くほどうまくできる。「ああ、魚ってこんなに美味しかったんだ！」という感動すら覚えて、次もまた自然と店に足が向いてしまうのだ。

そんな魚キヨのこだわり抜いた旨い魚の話と旨い食べ方を網羅したのが本書である。

取材をしながら、これまで〝知ってるつもり〟でいた魚の常識がいかに間違っていたか、気づかされることもたくさんあった。しかし何よりも、魚をもっと我が家の食卓に並べたいと思うようになった。魚の食べ方のバリエーションが広がったり、新しい味を発見したりすると、食卓の風景が一気に豊かになることを知ってしまったからだ。

ちなみに、魚キヨはメディアの取材に一切応じない店だ。それがこの本を作ることになったのは、担当編集者が魚キヨの魚の旨さに感動して以来、3年近く通い詰め、年間を通して魚キヨのさまざまな魚を食べ尽くし、口説き落とした結果の賜物である。

魚キヨの三姉弟はいう。

「旬がどうとか、産地がどうとか、選び方はどうとか、情報ばかりにとらわれている人も多いけど、魚は食べ物なんだからさ。頭や目で満足するんじゃなくて、とにかく食べて味わってみて、自分の舌で旨いか、まずいか判断してよ。魚離れが進んでいるという今だからこそ、本当に旨い魚、魚の旨い食べ方を知ってほしいな」

目次

第1章　魚さえあればメシが旨い！もっと気楽に買ってみてよ

第2章 旬の旨い魚 こうやって食べてみな！

第3章 巷でいわれている魚のウソ、ホント

第1章

魚さえあればメシが旨い！もっと気楽に買ってみてよ

まずは俺（長男）がいつもお客さんに話してる、
〝いろんな魚をもっと気楽に食べてみてよ！〟というおすすめから。
魚を食べるって、思ってるより簡単で楽しいものなんだってことを
わかってもらえるとうれしいね。

手間をかけなくても旨い、それが魚料理のいいところだね

　今や旬に関係なく魚は一年中出回っているからね。安いからって理由であまりいい状態ではない魚を買ったり、味の抜けた冷凍の魚を食べたりして「魚はまずいもの」って魚嫌いになっている人も多いと思うんだ。そのうえ、魚料理は調理法が難しそうとか失敗しそう、って刺身くらいしか食べない人も多いって聞くよね。

　でも、魚自体が旨ければ味つけはシンプルですむし、調理も実は簡単なんだ。たとえば脂ののった旨いサンマは、塩焼きにするだけでごちそうになるでしょ？　アサリもいいダシが出るから、鍋の具材に加えるとスープの味がふくよかになって、いつもの野菜や肉がぐんと美味しくなるんだ。

　生のイカは塩をふって冷蔵庫に一晩おくと、余分な水分が抜けてねっとりした食感になる。そこにごま油をたらっと回しかけるだけで最高のビールのつまみになったりする。とい

って も、これは毎日イカを買いにくるお客さんに教わった食べ方だけどね（笑）。うちに来るお客さんは忙しい人が多いけど、みんなそうやってひと手間工夫して上手に食べてるよ。だから俺たちも、和洋折衷、いろんな味で魚を楽しんでもらえるように、手早く作れる食べ方のアレンジを伝えるようにしているんだ。

ただ、時季はずれの魚はどんなに料理に手間をかけてもやっぱりおいしくない。だから、とにかく旨い魚を選ぶ、っていうのが魚を美味しく食べる基本だよね。

自分でさばこう、なんて無理はしなくていいんだよ

魚を買って、いざ料理しようと思っても自分でさばこうとすると、処理の仕方がわからないし、ワタ（内臓）がドロドロして気持ち悪いし、って嫌がる人もきっと多いよね。よく魚のおろし方がのっている記事とかあるけどさ、〝それが趣味〟でもなけりゃ無理して家でやらなくていいんだよ。魚屋の俺だって家ではそんなことめったにしないよ。第一、台所が臭

くなっちゃう（笑）。

頭を取ったり、ワタを出したり、三枚におろしたり、ってことは魚屋に全部やってもらえばいい。そうすれば気がラクになるでしょ？

たとえばイカを３杯買ってくれたとするよね。うちでは「どんなふうに食べるの？　処理しておくよ」ってお客さんにいう。「じゃあ、１杯は刺身で食べて、残りは煮るか、炒めるかしようかな」ってなったら、１杯は刺身だから皮も軟骨も全部取っておく。煮たり、ワタと一緒に炒めたりするときは皮がついてるほうがいいから、残りの２杯は皮を残して、足とワタを分けておくとかね。そこまでやってあげるのが昔ながらの魚屋なんだ。

アジだって、まるごと煮るならワタを取っておくし、たたきにするなら三枚におろしておく。そうやって食べたい料理を伝えて、処理はプロに頼めばいいんだよ。自分でさばけないことは、恥ずかしいことでもなんでもないんだから。

むしろそのほうがムダも出ないし、すぐ調理できるからまとめて買っても使いやすくなると思う。普通の魚屋ならたいていやってくれるはずだから、どんどん利用してほしいよね。

魚屋には料理を決めないでいく!

魚を買うときは、値段だったり、旬のものだったり、鮮度だったりを自分で判断して買ってる人がほとんどだよね。パック詰めで陳列してあるだけだとどうしてもそういう買い方になっちゃうけど、魚屋でそれをやったら、すごくもったいないよ!

たとえば、「イワシをください」とか、いきなり買うのじゃなくて、まずは「今日はどの魚が美味しい?」と聞いてみるのが正解。だって、その日の魚の状態は仕入れた魚屋が一番よくわかってるんだから。その中ですすめてくる魚は自信を持って旨いといえるものだからハズレがない。そうしたら次は「どんな料理にして食べるのがいい?」と聞いてみてほしいな。その時期その時期で身の締まり方も脂ののりも、大きさも違うからね。だからうちでは、今日の魚は生で食べるのがいいか、火を通すのがいいか、薄く切ったほうがいいか、塩をしてどのくらいおいておくのがいいか、みたいなことまでアドバイスしてるよ。秋鮭なら脂が少なくてさっぱりしてるから、油を一緒に使った料理が合うよ、とかね。

あとは、刺身なのか、焼き魚なのか、あるいは和風にしたいのか、洋風にしたいのか、その日の食べたい気分を伝えるのも一計だよね。「今日は生でさっぱり食べたい」とか、「白ワインに合わせたい」とかでもいいし。そうしたら俺らも「ワインに合わせるならこの魚でカルパッチョにするのはどう？　こっちの魚はいいダシが出るから野菜と煮てスープにするのもイケるよ！」みたいに、張り切ってすすめちゃうよ（笑）。

みんな、メニューも魚もあらかじめきっちり決めて買いにいくから、魚も調理法もいつも同じでつまらなくなっちゃう。それってすごく損してるんじゃないかな？　遠慮せず、どんどん聞いてくれれば、定番の魚でも新しい食べ方や調理法が見つかってメニューのバリエーションも格段に広がるよ。俺らを活用して上手に魚を買ってほしいね。

いい魚は何日も楽しめるものなんだ

魚はすぐに腐る、って思い込んでいる人も結構いるみたいだよね。でも、うちで扱うような天然ものの質のいい魚は処理さえきちんとしておけば、数日は日持ちするよ。

最近熟成肉が流行っているけど、実は魚も熟成するってこと、ほとんど知らないよね？　たとえばすごく新鮮な魚の場合、身が締まりすぎていて刺身ですぐ食べるにはちょっと固いかな、って思うこともある。

そんなときは「今日は薄作りにして、翌日は熟成が進むから少し厚めに切って食べてみなよ」って伝えたりするんだ。それぞれ旨さの違いが楽しめるからね。塩分を加えて熟成させると余分な水分が抜けてうまみが引き立つから、翌日、翌々日のほうがぐっと美味しくなることもある。その時の状態にもよるけど、タチウオなんかも、塩をふって一晩冷蔵庫においてから焼くだけで、抜群に旨い塩焼きのごちそうができるから、試してみてよ。

ホタテは昆布に挟んで昆布締めにしても美味しいし、切り身魚は塩麹やしょうゆ、味噌に漬け込んでおけば1週間くらいは持つ。うちのお客さんも、土曜日に何種類かの魚をまとめ買いして、翌週の火曜日あたりまで楽しんでいる人が多いよ。ただし、養殖の魚は脂の質も全然違うし、身がゆるんでいて、天然もののように熟成しないから、間違えないようにね。

それと、旨い魚は冷凍しても案外風味は落ちないから、使いきれないときは冷凍するのもアリだね。シジミは逆に冷凍したほうがうまみ成分が何倍にも増えるから、ストックしていつでも使えるようにしておくと便利。

思い込みを捨てていろいろ食べてみようよ

家で食べる魚料理がいつも同じになりがち、って話をしたけど、俺からすると、魚に対しての思い込みとか、先入観がありすぎるように思う。

たとえばうちは生のアナゴを扱ってて、白焼きとか煮アナゴの作り方とかも教えるんだけど、ほとんどの人は「え？　煮アナゴって自分で作れるの？」ってびっくりするんだよね。

イカの塩辛にしてもそうだし、「麺つゆでイクラのしょうゆ漬けが簡単に作れるよ」なんていうと、すごく驚かれるけど、こっちのほうがびっくりするよ。みんなアナゴやイクラは寿司職人しか調理できないとでも思っててんのかね（笑）。煮アナゴもイクラのしょうゆ漬けも作り方は本当に簡単なんだけど、調理されたものがどこでも売られているし、出来合いのものを買ってくるだけのほうがラク、って考える人が多いから、自分で作る発想がないんだよね。

でも、俺らが〝こうやって作ってみなよ〟って教えて試してみたお客さんたちは感動して「煮アナゴまた作りたい！」ってうれしそうにまた買っていくよ。「こういうものが手作りで食卓に普通に出せるって、なんだかかっこいいね」って旦那にほめられた人もいるしさ。

あと、いつも思うけど、魚は生で食べるのが一番の贅沢！　って思い込みも俺らからすると不思議でならない。初めて店に来たお客さんにカキを焼いて食べる方法をすすめると、「え？　このカキ、生で食べられないの？　古いの？」っていわれちゃってがっくりするときもあるんだけどさ（笑）。俺らはむしろ生で食べられる新鮮で旨い魚を、あえて火を通して食べるほうがよほど贅沢じゃないかって思ってるんだよね。

食わず嫌いの魚も、調理が面倒そうで買わなかった魚も、生でしか食べたことがない魚も、調理の仕方を変えたり、偏見を持たずに味わうと大好きになるかもしれない。そういう思いで日々〝旨いからこうやって食べてみて〟ってお客さんにすすめてるんだ。

なんといっても俺たちは人呼んで〝アグレッシブな魚屋〟だからさ（笑）。

旬の魚、一度でおしまいなんてもったいない！

魚屋にはいろんな旬の魚が並んでるけど、一度味わっただけで「今年はもう食べたから」って満足しちゃう人も多いんじゃないかな。サンマやカツオもそんな感じだよね。

一年中たくさんの種類の魚が並ぶ今と違って、冷凍技術はないし、輸送するのも簡単じゃなかった昔は、庶民はその時期に獲れる旬の魚しか食べられなかったわけだよね。いくら旬の魚でも毎日のように同じ魚を食べ続けていたら飽きるけど、それでも調理法を変えて飽きないように上手に工夫して楽しんでいたんだ。

それに、同じ魚でも出始めの頃、旬の真っ只中、終わりの頃でそれぞれ脂ののりも身の旨さも違うからね。たとえばお盆前後から9月前半くらいに北海道で獲れる、身が太くて脂がたっぷりのった特上のサンマはシンプルに刺身や塩焼きで味わうのがおすすめ。身自体、脂がのりきって本当に旨いから、あまりあれこれいじるともったいないからね。10月以降にもっと南下してきて、身が細くなったものは、つみれや炊き込みご飯などに調理して食べてみるといい。

また、同じ魚でも季節によって脂ののり方が違うっていうのもあまり知られていないんじゃないかな。

たとえばカツオは春の初ガツオと秋の戻りガツオがあるけど、春のカツオは脂が少なくさっぱりしてる。だから、しょうがとにんにくをきかせて竜田揚げにしても旨いんだ。

ものすごく脂がのってる秋の戻りガツオは、もちろんたたきにするのもいいけど、塩焼きにしてしょうがじょうゆでアツアツを食べると脂の旨さが濃厚で絶品だよ。これは魚屋がよくやる食べ方。

最初は刺身で、次は塩焼きに、その次は煮たり、洋風にソテーしたり、フライにしたり。そうやって食べ方を変えると本当に飽きずに旬の魚を楽しめる。そうやって何度も繰り返し食べて味わいつくす、これが魚を食べる本当の醍醐味じゃないのかな。

「塩ゆで」「マリネ」……手軽で旨いアレンジ法はいろいろ

お客さんたちにすすめると驚く人も多いんだけど、俺らは魚を「塩水だけでゆでる」っていう方法をよくやるんだよね。キンキ、メバル、鮭、タラなんかの脂ののったものが塩水でゆでるのに適した魚。それを生じょうゆやポン酢で食べたり、薬味を添えたり、オリーブオイルをかけたり、サラダにしたりして味を変えて楽しむんだ。

ただし、状態が悪かったり、脂のぬけた魚なんかでやると生臭くなるし、味もぼけちゃうから、魚が良くなくちゃできない。だからお客さんにいわせると、「魚屋じゃなきゃ思いつかない食べ方だね」って感心するみたいなんだよね。脂ののった旨い魚はただ塩水でゆでるだけで美味しいから、塩ゆではぜひ覚えてやってみてほしいな。簡単だしね！

あと、姉貴は調味料に漬け込むってこともよくやってるなあ。いわゆるマリネという手法だけど、南蛮漬けの他にもキムチの素に漬けたり、バジルやにんにくで魚を20〜30分マリネしてからフライパンで焼いたり、とかね。

姉貴がどうやってこういう料理を思いつくのかっていうと、料理番組とかで美味しそうと思ったレシピをヒントにして、「鶏肉をタラに替えてやってみよう」とか、「牛肉の脂の感じと似ているからカジキも合うかも」「一緒に煮る野菜はこっちのほうが歯ごたえがあって好き」みたいに、調味料や食材を自分の好みに変えてアレンジしているんだよね。特に姉貴は鶏肉が嫌いなもんだから（笑）。

とにかく俺たちがやってる食べ方は、台所に普通にある調味料で簡単に作れるものだけ。料理番組を見ると、いろんな凝った調味料やらスパイスやらを使ったものを紹介してたりするけど、いちいちそれを買いにいって、複雑な手順で作ってたら疲れちゃうよ！　ただでさえ忙しいんだからさ、手軽にできることでいいんだよ。

みんなも自分の家の冷蔵庫にあるものでいろいろ試してみるのがいちばん！　失敗したらどうしようって怖がる人が多いけど、命をとられるわけじゃなし（笑）、そしたらもう一度やってみればいいだけだよね。うまくできたら、一生旨い料理が食べられるんだから！

怖がらないでチャレンジすれば、魚の食べ方がものすごく上手になると思うよ。

一年中「ブリの照り焼き」ばかり作ってないかな？

真夏に「ブリを買いたいんですけど」って来る若いお客さん、結構いるんだよね。うちは基本的に旬の天然ものを扱ってるから、秋から冬が旬のブリは当然真夏には置いてない。「うちには今の時期置いてないんだよね」って答えると、「そうですか……」って肩を落とすから気の毒になっちゃうんだけどさ。聞いてみれば魚料理っていうと〝ブリの照り焼き〟しか習ったことがないから、一年中ブリを買うしかないと思ってるみたいなんだよね。

一昔前は、老若男女を問わず魚や野菜の大まかな旬って常識として頭に入ってたものだけど、今は知らない人のほうが多いからね。養殖ものや冷凍ものだと一年中手に入ったりするから、ますますいつが本当の旬かわからず、同じ魚ばかり買っているんじゃないかな。

あとは、きちんと習ったり、レシピがのっている料理じゃないと作れないと思い込んでいるんだよね。意外と若い人にそういう頑《かたく》なな人が多い。でもさ、それじゃ料理していても楽しくないんじゃないかな。〝ブリの照り焼き〟ももちろん旨いけどさ、第2章で紹介するように旬の濃厚な脂ののったブリを塩焼きやしゃぶしゃぶにすると格別なんだから！　レシピなんて必要ないくらい簡単だしね。

そういう魚の醍醐味を知らずにいるのは、本当にもったいないことだと思うんだ。旬の旨い天然ものと養殖ものだと同じ魚とは思えないくらい味に違いがあるし、一度食べてくれればその価値が絶対にわかると思う。

季節ごとに〝そろそろあれが美味しい頃だから食べよう〟と思えると、楽しみが増えるよね。旬の魚の美味しさにハマった常連のお客さんだと「そろそろあの魚入った？」って連日のぞきにきたりするからね。中には「去年買い逃してずっと悔しかったから、今年はリベンジで絶対買いたい」って執念燃やしてる人もいたりして（笑）。そういううれしいことを言ってもらえると、こっちもがぜん張り切っちゃうよ。

魚キヨ流の魚料理は難しいこと抜き!

魚料理はコツがいりそうって思ってる人、きっと多いよね。料理の本なんかを見ると、臭みを消すための下処理の方法とか、煮くずれに気をつけろとか下ゆでしなさいとかいろいろ書いてあるし、それを読むと難しそうと思うかもしれない。

でも、お客さんに聞くと、うちの魚はイヤな臭みもないし、身も脂もしっかりしているから、そんなの気にしなくても充分美味しく作れるっていう人がとても多いよ。

必要なのは塩加減を調節することくらいで、あとはどの家庭にも必ずある調味料をちょっと加えるだけで、簡単に上手にできる。それはやっぱり魚自体が旨いからできるんだと思う。

次の章で主に俺と姉貴で魚ごとに旬や旨い食べ方を紹介して、最後の章で仕入れ担当の弟に全般的な話をしてもらうけど、俺らの料理は小さじ何杯とか何グラムとかいうものではなく、ざっくりと目分量でやってるから、あとは自分の好みの味に工夫するといいと思うよ。同じ魚でも大きさも状態も脂ののりも違うから、一概にはいえないしね。

まあ、一番難しいのは塩加減だと思うけど、やっていくうちに勘がつかめて慣れてくるはず。イカの塩辛なんかも塩が多いとしょっぱくなってしまうし、逆に塩が足りないと生臭くなったり味がぼやけたりして最初は失敗するかもしれない。でも、そうやって食べながらコツをつかんでいくのも魚料理の醍醐味じゃないかな。

要するに、俺らの料理は魚屋の食べ方なんだ。気取らず簡単で、毎日の食卓にのせられる、いわば日本の庶民の味。おしゃれで凝った料理なんかを作りたかったら、それはもちろん、料理の先生たちが書いた料理本を参考にしてよ（笑）。

魚キヨに足しげく通うファンの声

私もこんなにハマってます！

20年来通い続け
家族全員〝魚キヨ中毒〟です！

――ホワイト ホワイトデンタルクリニック院長、口元美容スペシャリスト
石井さとこさん

近所に住んでいた20年前から通いはじめ、この10年ほどはお付き合いもさらにディープに。お店がお休みの日以外は毎日欠かさず買っています。大げさではなく、魚キヨさんがないとうちの台所は成り立たない！

私が仕事の前に立ち寄り、「これとこれをお願い」と頼んでおいて、あとは夫がお店を仕切るキヨミさんと相談して追加して買って帰る、というのがいつものパターン。「今日はこんなのが入ったけどどうします？」って必ず連絡をもらうので、夫の携帯は毎日〝魚キヨ　キヨミ〟という履歴でいっぱい（笑）。

魚キヨさんの魚はどれも本当に美味しいですが、私が特に愛しているのが、マグロ。厚切りでツヤのある、うまみたっぷりの刺身を食べると、〝良質なたんぱく質と鉄分をチャージした！〟という充実感があるんです。もう、他のお店のものでは満足できない体になってしまいました。まさに〝魚キヨ中毒〟です（笑）。毎日良質な魚を食べているおかげか、昨年の健康診断では善玉コレステロールの数値が高く、ドクターにも「すごいですね」とびっくりされたんですよ。

伊豆育ちで魚介類には目がない夫も、魚キヨさんなしではもう生きていけないですね。キヨミさんには「うちのラッコさんが死なないように、貝を何種類かあてがってあげて」なんて冗談でいうくらい。

売っている魚の品質が確かなのはもちろん、それを扱うお店の方々の真っ直ぐで実のある人柄にも惚れ込んでいるんです。そのうち伝説の店になるんじゃないかしら。

第2章

旬の旨い魚
こうやって食べてみな！

魚自体の説明は主に弟（次男）にしてもらい、
俺（長男）と姉貴（長女）とで、魚ごとの食べ方を紹介するね。
姉貴は子育てしながら働いてる主婦で、時短や作り置きできる
料理のコツなんかもよく知ってるから参考にしてみて。

身が太ったアサリのダシのうまみは格別だよ！

浅蜊

【アサリ】

いつ頃が美味しい？

アサリは一般的に秋に産卵するので、一番美味しい旬のピークは、卵を持って身が肥えている初夏の６月頃〜７月頃。

アサリは今や一年中食べられるけど、美味しくなる旬は潮の満ち引きが大きくなる初夏。潮干狩りシーズンの6月頃〜7月頃は最高に旨い。アサリは春先から卵を持ちはじめ、秋にかけて身が大きくなるんだけど、栄養を蓄えているこの時期が旨いんだ。産卵を終えると身が痩せちゃうからね。

他の貝類や魚でもだいたい同じことがいえるんだけど、卵を持って成長している時期は身が大きく、脂ものってて旨い。で、卵をはたいたあとはいったん身が痩せて、そこからまた栄養をつけて美味しくなる、というサイクルを繰り返しているんだ。だからその魚が旨いかどうかは、産卵時期がひとつの目安になるね。

なんといってもアサリはダシが抜群に旨い！　味噌汁にする人が多いけど、実はダシを味わうにはお吸い物がおすすめ。酒蒸しやパスタ、殻を外して炊き込みご飯にするのもいいよね。**アサリから出るダシだけで充分にうまみがあるから、俺らは鍋にもダシがわりによく入れるよ。**

こうやって食べてみな！

うまみが凝縮！濃厚ダシの鍋

アサリを鍋の具材にするんじゃなくて、アサリをダシがわりに使う鍋。水からアサリを煮て、口が開いたらアサリは鍋から出してしまってOK。アサリの濃厚なうまみで具材がとびきり美味しくなるから、旬の白身魚を入れてもいいし、豚肉や野菜なんかを入れてもすごく合う！

下ごしらえはレンジでOK！うまみたっぷり炊き込みご飯

アサリに酒をふりかけて、口が開くまで電子レンジでチン。殻から身を外したら、お好みでしょうゆをほんの少したらして、**お米と一緒に炊くだけで、めちゃくちゃ美味しい炊き込みご飯ができるの。**レンジで温めたとき出た汁にうまみが出ているから、捨てずに一緒に炊き込むのがポイントね。

深川めし風簡単味噌煮込み

昔ながらの深川めしも美味しいわよね。ご飯に汁をかけるのが一般的だけど、私はおかずとして食べるほうが好き。だから、汁けは少なめにするの。水からアサリを煮て、ねぎと豆腐を入れたら味噌を溶いてでき上がり。煮込みすぎるとアサリが固くなるからさっと煮るだけにしてね。

酒のつまみにアサリのぬた

アサリの身は、ぬたにするのもオツ!

殻つきのアサリに酒をふりかけて、口が開くまで電子レンジで加熱。あとは殻を外したアサリの身と軽くゆでたねぎを一緒に酢味噌で和えるだけ。晩酌のお供にぴったりの一品になるわよ!

その他の楽しみ方

- **お吸い物**
- **酒蒸し**
- **パスタ**

いろんな種類があるから食べ比べてみてよ！

鯵

【アジ】

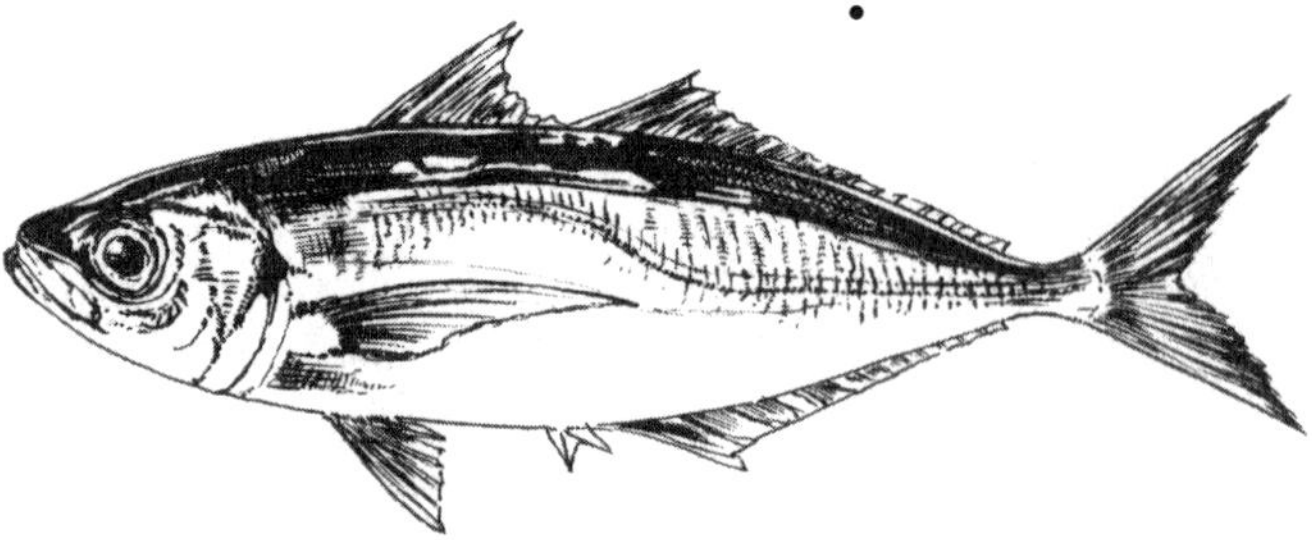

いつ頃が美味しい？

真アジは大きさや産地などによって呼び方が違う。小型の豆アジなら夏、中型〜大型の黒アジや関アジは秋が美味しい時期の目安。

アジといえば、一般的によく食べられているのは真アジ。真アジには同じ場所にすみつく〝瀬付き〟（地アジ）のものがいて、見た目も違うことから呼び方がいろいろあるんだけど、それぞれに美味しい旬も違うんだ。たとえば小型の真アジのことを豆アジと呼んでいるけど、これは夏が旨いよね。小さいものは南蛮漬け、唐揚げもイケる。

5月～7月頃、島根の浜田港に揚がる「どんちっちアジ」っていう真アジが出るのを待って、うちの店では自家製の酢の物を作るのが恒例。身がやわらかいんだけど、しっかりしていて味も濃厚。

回遊性の黒アジも真アジの一種。鳥取の境港などの山陰、日本海で獲れる黒アジは秋が買いだね。あと、大分の佐賀関沖で獲れる関アジは有名で、これも脂がのってて旨いのは秋口なんだ。

アジは一年中出回っているけど、大きいのが美味しい時期、中くらいのが美味しい時期、小さいのが美味しい時期とある。うちではその時々で旨いのを選りすぐっているから、いろんな種類を食べ比べてみてよ！

こうやって食べてみな！

旬が来たらぜひ「どんちっちアジ」の酢の物

初夏から秋口にかけて出回る「どんちっちアジ」は、味が濃厚で酢とよく合うの！ **塩で締めたものを軽く洗って、酢をかけるだけ**で充分美味しい酢の物に。旬のきゅうりと三杯酢で和えても美味しい！

さっぱりポン酢とマスタード和え

アジの刺身以外に生で食べる方法として、三枚におろしたものを食べやすい大きさに切って、ねぎ、みょうが、ポン酢しょうゆとマスタード、オリーブオイルを合わせる地中海風の食べ方もおすすめ！　南蛮漬けみたいに漬け込むのじゃなくて、薬味、調味料を合わせて軽く揉むくらいが食感もあってちょうどいいの。

おこげ風アツアツ野菜あんかけ

小ぶりのアジに片栗粉をつけて揚げたら、もやし、さやいんげんなどの野菜を入れたあんを作り、アツアツのあんを揚げたアジにかけて食べるのが私流。南蛮漬けだとせっかく揚げたアジがしんなりしてしまうけど、これだとおこげみたいな感じでカリッとした食感が残るし、香ばしさもあって私はこのほうが好き。あんに酢を入れると、食欲がない夏でもさっぱり食べられるわよ。

皮をむくのがコツ!
アジの甘辛煮

俺らはよくやるんだけど、アジは皮をむいて煮つけにすると、味が中までしっかりしみてさらに旨いんだよね。首のところから指でするっとむいていくとぜいごも一緒に取れるから下処理も簡単。頭がついたアジじゃないとできないから、皮をむいてから頭を落として、しょうゆやみりんを合わせた煮汁で甘辛く煮つければOK。ちょっとしたひと手間で、身もふっくら炊き上がって格段に旨くなるよ。

洋風もイケる!
アジの香味焼き

スーパーでも手に入るバジルペーストを使ったお手軽レシピ。三枚におろしたアジに塩を軽くふって下味をつけたら、バジルペースト、オリーブオイル、にんにくのスライスを合わせたものでアジをマリネするの。30～40分おいてからこれをフライパンで焼くだけ。脂がたっぷりのったアジと、さわやかなバジルの香りやにんにくの風味がマッチ。マリネしておいて翌日焼いてもいいから、忙しい人にもぴったりよ！

お茶漬けにしても絶品！アジのなめろう

もともとは船の上で漁師が食べていたものらしいけど、いかにも豪快な料理よね。三枚におろしたアジの皮をむき、骨を取り除いたらぶつ切りにして、みじん切りしたしょうが、ねぎ、青じそを合わせて細かくたたき、味噌を混ぜたらでき上がり。刺身ならそのまま使えるからさらに簡単。

酒のつまみにもいいし、ご飯にのせても美味しい。さらにお茶漬けにすると、これがまたいいダシが出てご飯がすすむのよね！

その他の楽しみ方

- **刺身**
- **マリネ**
- **フライ**

番外編

書ききれなかった話をご紹介

魚キヨ取材

［その1］

活け締めの魚はありがたい!?

魚キヨの店先は、主に料理人などプロが仕入れる魚を並べたコーナーと、皿盛りにした家庭用の魚が並ぶ売り場に分かれている。取材で訪れたある日、プロ用の魚コーナーを撮影していたカメラマンが「天然の活け締めの魚がこんなに並んでいるなんてすごい！」と驚きの声をあげた。

きょとんとしていると「ほら、よく見るとエラや頭のところで処理されているでしょ」といわれ、あらためて見るとなるほどその通り（p4参照）。でも「活け締め」という言葉は耳にしたことはあれど、実際どういうことなのかよくわからない……。

「魚を獲ったあと、どう処理するのかはいろいろ方法があって、一瞬で脳死させる方法が活け締め。鮮度が長く保てて、うまみが増すんだけど、一尾一尾処理しなきゃならないから、全部の魚にはとてもできない。まあ、普通は値がつく魚にすることが多いよね」と仕入れ担当の弟さん。では活け締め以外の魚とは？

「いわゆる大衆魚は一気に氷の中に入れて締めることが多いよね。これは〝野締め〟っていうんだ。あとは漁の方法によっては活け締めできないものもある。たとえばイカは釣り機で大量に次から次へと揚がってくるから処理できないよね」

やっぱり活け締めの魚って美味しいんでしょうか？

「まあ、旬の天然のいい魚の活け締めはやっぱりうまみがぐっと増して旨いよね。プロの料理人は活け締めのものを店で熟成させて、うまみがピークのときにお客さんに出すんだ。でも養殖の活け締めもあるから一概に活け締めだからいい、とはいえないな。一般のお客さん用に置いているのは野締めのものが多いけど、うちはその中でも品質がいいものを選りすぐって仕入れてきてるから、あまり気にしなくてもいいと思うよ」

煮アナゴや
白焼きも
家で作れるよ！

穴子

【アナゴ】

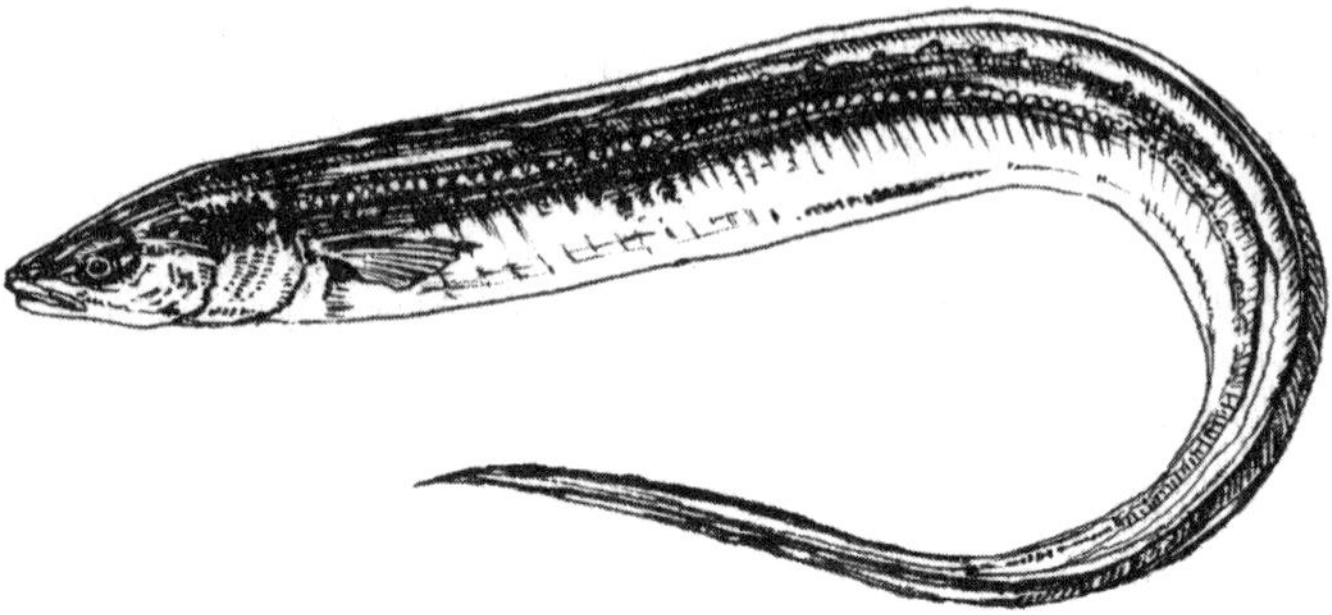

いつ頃が美味しい？

初夏は江戸前の小さなもの、秋口にかけて対馬、松島とだんだん大きなものが美味しくなっていくので、時期によって漁場と大きさを選ぶと長く楽しめる。

活け締めのアナゴなんてあまり扱っているところがないかもしれないけど、うちでは旬のときは必ず入れてるよ。まず初夏に江戸前のメソって呼ばれるものが出てきて、次に対馬のやや大きめのもの、秋口には松島の大きいもの、と時期によって一番旨いものを追っかけているんだ。

どれもそれぞれの良さがあるけど、最後に入る松島のものは大きさも立派で脂がのってて煮ても焼いても実に旨い。ぜひ食べてみてほしいね。

アナゴの選びかたは、まず色が濃いもの。さらに腹がやや黄色みがかっていると最高だね。

うちではアナゴを割いて下処理までしているから、調理する前に皮のぬめりを取るだけですぐ調理できる。**煮アナゴも実は簡単で、甘辛のタレでゆっくり煮るだけ。**白焼きなんかはもっと簡単で、魚の網で焼くだけ。

最初はしり込みしていたお客さんも、「やってみたら簡単だし、あんまり美味しくてぺろりと食べちゃったわ（笑）」って喜んでまた買っていく。ちょっとしたごちそうになること請け合いだよ！

こうやって食べてみな！

酒にもご飯にも！
とろける
絶品煮アナゴ

アナゴは下処理さえきちんとすれば、あとはシンプルな調理法でＯＫ。皮の部分に熱湯をかけるとぬめりの部分が白っぽくなるから、それをティースプーンなどで丁寧に取ること。そうしたら適当な大きさに切って、水、酒、しょうゆ、みりん、砂糖などで甘辛く煮つけるだけ。40～50分煮たほうが身も柔らかくなるし味がしみるので、ゆっくり煮るのがポイント。薄口しょうゆを使うと色もきれいに炊き上がるよ。

買ったその日に料理する時間がないときは、ぬめりを取る下処理だけしておいて、翌日煮てもＯＫ。お寿司屋さん顔負けの美味しい煮アナゴができるからぜひ試して！

香ばしさが際立つ
アナゴの白焼き

白焼きはすぐに食卓に出せて手間いらずだから忙しい人にもおすすめ。下処理したら、魚の網やグリルで焦げ目がつくくらいまで焼くだけ。

アナゴは火を入れるとどうしても身が反り返ってしまうから、何カ所か串を刺して焼くといいと思う。さらに焼き上がったら熱いうちに箸などでおさえて平らにすると見た目もきれいに。シンプルに塩とわさびをつけるだけでも本当に美味しい！　**煮るのとはまた違って歯ごたえも香ばしさも楽しめる**から、あっという間になくなっちゃうのよ（笑）。

即席南蛮漬けこんがりねぎ

煮アナゴや白焼き、と一通りやってみた人におすすめするのが南蛮漬け。アナゴに小麦粉をまぶして揚げるでしょ、これだけでも美味しいんだけど、こんがり焼いたぶつ切りのねぎと一緒に、甘酢に漬け込むの。

私は歯ごたえがあるほうが好きだから、あまり時間をおかずに食べるんだけど、それは好みで調節してね。**ねぎの香ばしさとアナゴって合うのよね。**シンプルだけど、最高に美味しいから！

あとは、しし唐を入れるのもおすすめ。もちろん好みの夏野菜をたっぷり入れてもOKよ。

烏賊【イカ】

いろんな料理で一年中飽きずに食べられる

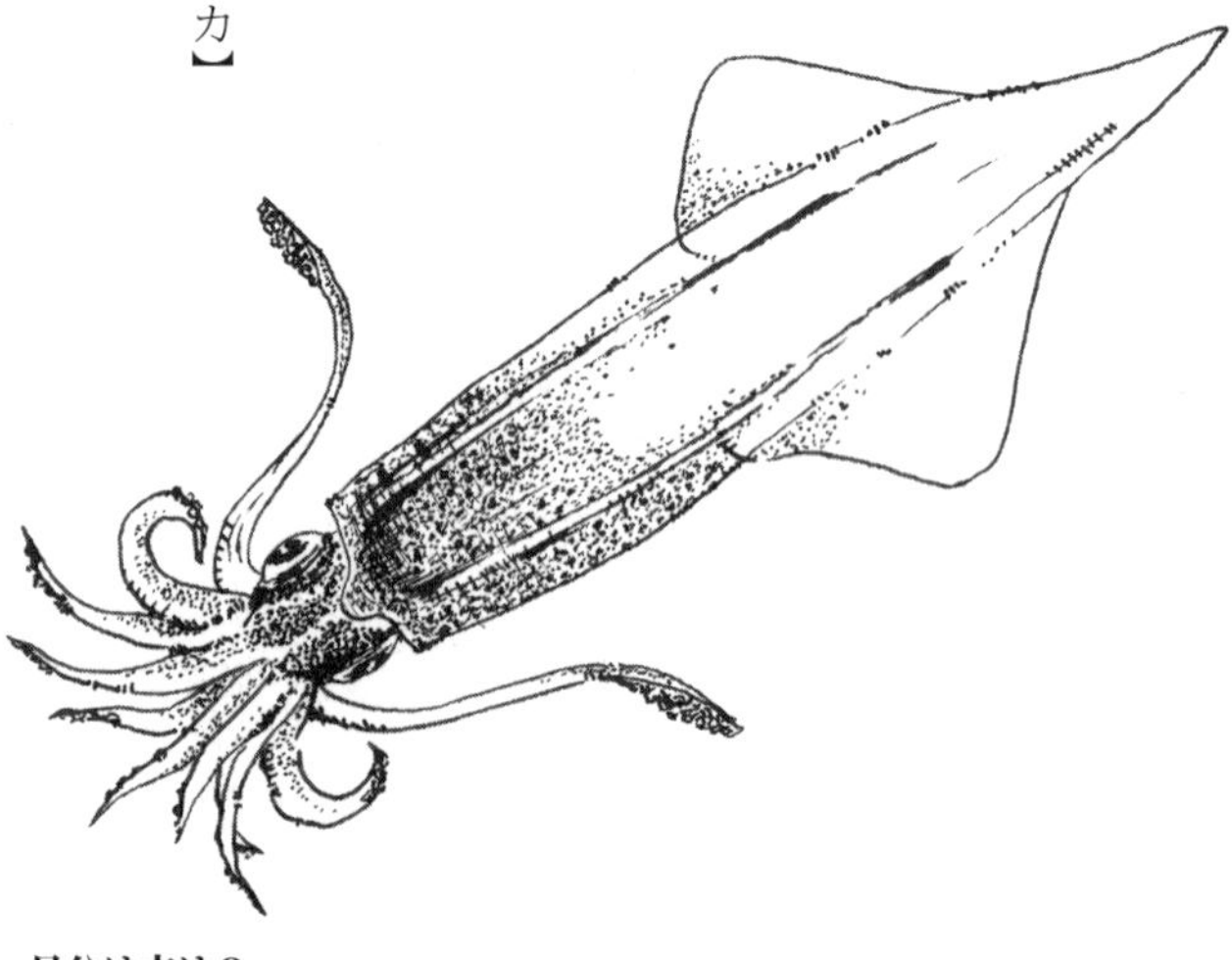

見分け方は？

イカは透明なものほど新鮮とよくいわれるが、必ずしもそうではない。網で獲るとどうしても擦れやすく、新鮮なものでも色が黒っぽくなることがある。鮮度を見るのに一番間違いないのは目。新鮮なものは目が飛び出ているが、鮮度が落ちてくると目が濁り、引っ込んでくる。

いかはいろいろな種類があるし、一年中美味しく食べられるけど、代表的なのはスルメイカとヤリイカ。特に、イカといえばスルメイカと思う人もいるくらい、年間を通してよく食べられているよね。

あと、知ってる人は少ないかもしれないけど、**5月頃から初夏にかけて北海道や三陸で獲れる麦イカっていう小型の若いスルメイカが旨いんだ。**柔らかく、繊細な味わいで毎年楽しみにしている人も多いよ。

秋から冬のワタが大きく成熟したスルメイカは塩辛で！　自分好みの味ができるようになれば一生ものだから、ぜひ手作りに挑戦してほしいね。しっかり水きりをすることとさえ気をつければ作り方は意外と簡単だよ。

冬場に旨いのが、ヤリイカ。刺身、焼き物、煮つけとどんなふうに調理しても美味しく食べられる万能選手で、うちでは毎日買いにくるお客さんもいるほど。それと、**この時期の醍醐味は卵。**ねっとりとした食感と甘みは格別に旨い！　常連さんはそれを知っているから、子持ちのヤリイカを狙って来る人も多いんだよね。

こうやって食べてみな！

【スルメイカ】

オヤジ感涙の酒のあて！自家製塩辛

スルメイカの塩辛はぜひチャレンジしてほしいメニューのひとつだね。身は他のイカでもいいけど、ワタはスルメイカがいい。味が濃厚で最高に旨くなるから！

作り方は、ワタに塩をふり、イカの身は刻み、両方とも冷蔵庫でラップをせずに一晩おいて余分な水分をほどよく抜く。

一晩おいたら、イカの身にワタを絞り出して和える。塩加減が若干難しくて、少なすぎると生臭くなるし、多すぎるとしょっぱいから、これは何回か作って自分で美味しいと思う分量をつかんでみて。でも、何回かやると上手になるよ。

和えたものを保存瓶などに入れて、冷蔵庫でねかせて3〜4日目が食べ頃。酒のあてに最高だし、白いご飯もどんどん進むから、お父さんもきっと感激するよ！

【イカ全般】

イカ団子のパリパリワンタン包み揚げ

イカの身はもちろん、ゲソとかが余ったら、フードプロセッサーですり身にしておくと便利。しんじょにしてお吸い物に入れたりするのもいいし、あと、揚げ団子もおすすめよ。ワンタンの皮で包んでから揚げると油がはねにくいから試してみて。アツアツの外側はカリッとして香ばしく、中はふわふわで甘みが増す感じ。塩をちょっとつけて食べると最高よ！　あと、すり身をシューマイの皮で包んで蒸せばイカシューマイにも。

ごま油がけ〝やみつきイカ〟

うちのお客さんで毎日イカを買いにくる人がいてね。あんまり続くから「いったいどうやって食べんの？」って思わず聞いちゃったのよ。そしたら「細く切ったイカに軽く塩をふって、好みで鷹の爪をちょっと入れ、冷蔵庫に一晩おくの。翌日これにご

ま油をたらすだけで酒のつまみになるのよ。主人がいつも晩酌をしながら私の帰りを待っているんだけど、これがあるだけでご機嫌なの」だって！　私も真似してみたらこれがもうやみつきに！　塩をしておくと余分な水分が抜けるから、ねっとりした食感になってごま油の香りとも相性抜群。刺身で食べるのとはまたひと味違う美味しさだから、ぜひ試してみて。

ワタも有効活用！濃厚ソース和え

新鮮なイカはワタも活用してね。ごま油でにんにくを炒め、そこにワタを入れて火を通し、仕上げにちょっとしょうゆをたらせば濃厚なワタソースのでき上がり。こうすると臭みも抜けて食べやすくなるの。ゆでたイカにかけてもいいし、イカを炒めたところに最後に回しかけても美味しいわよ。

市販のドレッシングでお手軽マリネ

ゆでて切ったイカと、きゅうりやにんじん

んなど好みの野菜を市販のドレッシングで和えるだけ。ドレッシングは、白濁したフレンチドレッシングみたいなものがいいわね。お手軽だけど、新鮮なイカで作るとなかなかイケるのよ。作り置きしておけるし、忙しい主婦のお助けメニューね。

【ヤリイカ】

子持ちヤリイカのさっぱり塩ゆで

子持ちのヤリイカが手に入ったら、10分くらい塩で煮るだけ。卵が固くなるからゆですぎないことがポイントだよ。あとはオリーブオイルをかけたり、トマトソースで軽く煮込むのもいい。ウナギのタレやマヨネーズ、ガーリックバターなど味つけは好みで。卵がねっとり濃厚で甘みがあって舌にからみつく感じがなんともたまらない。シンプルな味つけにすると、淡泊なイカのうまみや卵の美味しさが引き立つよ。

その他の楽しみ方

- **バター焼き**
- **酢味噌和え**

鰯

【イワシ】

煮ても焼いても
揚げてもイケる！

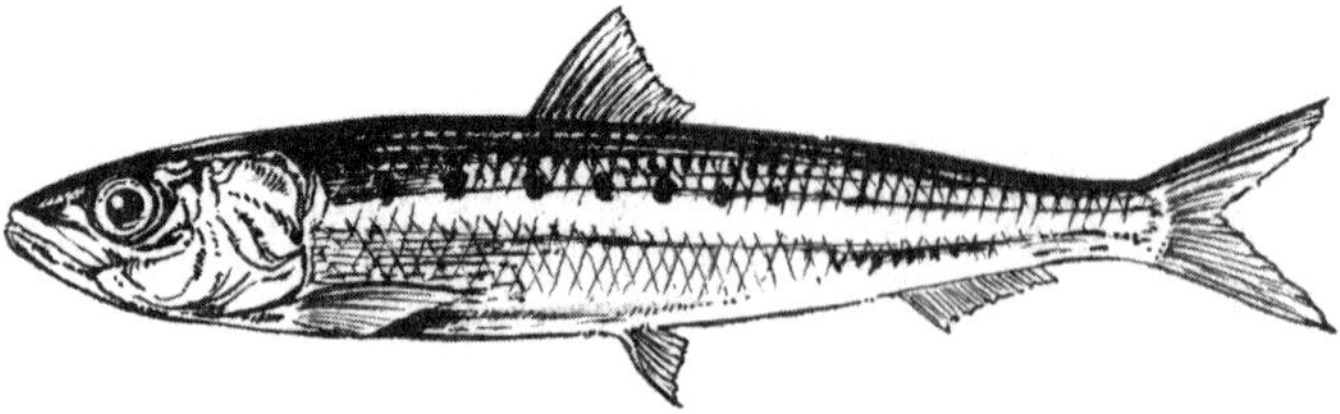

いつ頃が美味しい？

種類や産地によって違うが、イワシの旬はだいたい６月〜10月頃。一般的にたくさん食べられているのは真イワシ。中でも春から夏に獲れて美味しいのが金太郎イワシと舞鶴の金樽イワシ。

みんなが普段イワシと呼んでいるのは、真イワシなんだよね。日本で食べられているのは主に真イワシ、うるめイワシ、片口イワシの3種類。「うるめの丸干し」のようにうるめイワシは主に干物に加工される。片口イワシは目刺しや煮干しにしたり、アンチョビに加工されたりするんだ。

さらに真イワシの中には、最近ブランド名がつくものがあって、たとえば金太郎イワシ。京都、大阪、関東近海などで獲れる丸々と太ったイワシで、春から夏が美味しい時期。小さいけどコロンとしてて身がふっくらしてるんだ。料理人でも知らない人が多くて、小さいから見向きもされなかったりするんだけど、とろっとしてて、刺身でもフライにしても抜群に旨い。あと、舞鶴で獲れる金樽イワシというのも脂がのってて口どけがいい。

他にも銚子、愛知、北海道、と時期ごとに旨いイワシが獲れるところがあって、**俺らは〝今日のベストはこれ!〟というものを見つけてくるんだ。**

煮ても、焼いても、揚げても、生でもイケるのがイワシのいいところ。手開きで簡単にさばけるし、もっといろんな料理で楽しんでほしいね。

こうやって食べてみな！

フライパンひとつでイワシのジューシー蒲焼き

イワシは手開きにして小麦粉を軽くふり、サラダ油をひいたフライパンでこんがりと焦げ目がつくくらいまで焼く。次に酒、しょうゆ、みりん、砂糖などを合わせたタレをかけて、とろみがつくまで煮詰めると蒲焼きに。**フライパンひとつでできるし、ご飯の上にのせれば丼に早変わり！**

骨まで柔らかイワシの梅しょうが煮

イワシは梅干しの酸味とよく合うから、梅干しと刻んだしょうがを加えて、水、酒、しょうゆでまるごと煮ても美味しいよ。小ぶりのイワシならすぐ骨まで柔らかくなるから、時短で美味しいおかずに！

揚げずにヘルシーイワシの梅しそ巻き

手開きにしたイワシにたたいた梅干しを

塗り、青じそをのせて巻いたらあとは天ぷらの衣をつけて、油を多めにひいたフライパンで両面を焼くだけ。揚げずに焼くからヘルシーだし、梅干しの酸味や青じその風味がきいていて、暑い夏もさっぱり食べられる味よ。

洒落たお惣菜風 粒マスタードソース和え

イワシはシンプルにカルパッチョでも美味しいんだけど、ちょっと目先を変えたいときにおすすめなのがこちら。ポン酢に粒マスタード、すりおろしたしょうがとにんにくを合わせたソースに刻んだねぎを加えてよく混ぜるの。それを一口大に切ったイワシの刺身と和えるだけ。粒マスタードを入れるのが隠し味で、ちょっと洒落た洋風のおかずになるわよ。

その他の楽しみ方

- **刺身**
- **フライ**
- **塩焼き**
- **つみれ**

味噌や殻のダシまでまるごと食べ尽くす！

海老

【エビ】

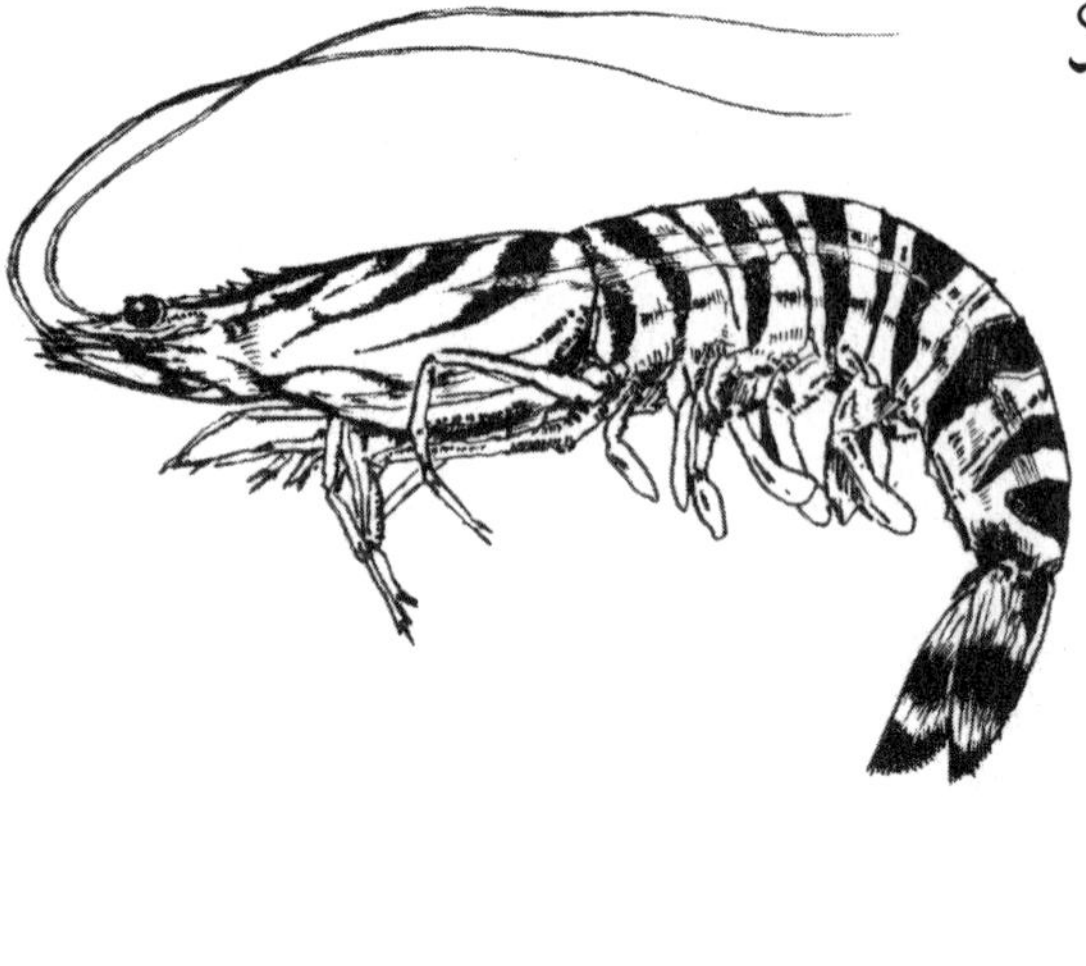

いつ頃が美味しい？

９月〜４月頃に出回るのが芝エビ。甘エビは北海道、北陸など産地によって違うが、卵を持つ８月〜２月頃が美味しい時期の目安。

今、日本の食卓に並ぶエビはほとんどが養殖。ベトナムなど東南アジアから輸入されているブラックタイガーとか冷凍ものも多いけど、なにしろ天然ものは獲れる数が圧倒的に少ないから仕方がない。うちの店はなるべく天然ものを仕入れるようにしてるけど、エビとカキばかりは養殖に頼らざるを得ないんだ。

ただ、普段エビを買うときのアドバイスとしてひとついえるとすると、**むきエビは水っぽくて味が抜けやすいから、何の料理をするにしても、殻つきを買うといいと思う。**

そんな中で、芝エビを見かけたら買いだよ！　芝エビは天然もので、9月頃から3月、4月頃までが漁期なので、冬から春は店頭に並ぶことも多い。他にはないとろっとした食感で、上品な甘さと香りがあって、他のエビとは違う、なんとも言えない旨さなんだよね。

芝エビは和・洋・中、どんな料理にも合うけど、芝エビそのものの味を楽しむなら、やっぱり塩焼き、煮つけ、天ぷらあたりがおすすめだね。

もしくは塩ゆでして、からしマヨネーズや溶かしたガーリックバターにつけて食べるのも旨いし、すり身にしてしんじょを作ってお吸い物に入れるのもいい。包丁でたたいて、つなぎに片栗粉を入れるだけ、と案外簡単で、店で食べるものとはひと味違う旨さだよ。

あと、時期によっては北海道のボタンエビとか甘エビも出てくるけど、甘エビは天ぷらもおすすめだよ。みんな刺身くらいしか食べないけど、揚げるとぐっと甘みが増すし、サクサクとした食感になっておつまみにももってこい！　**しかも甘エビは頭や味噌、殻からいいダシが出るから、刺身で食べた残りもムダなく使えて二度美味しい。**その濃厚なダシはパスタやラーメンなんかにも使えるから、ぜひ作ってみてよ。

こうやって食べてみな！

【甘エビ】

サクッと軽いのに濃厚！甘エビの天ぷら

うちで人を呼ぶときによくやるのがこれ。甘エビを天ぷらにするっていう発想が意外らしく「さすが魚屋だね！」って好評なんだ。甘エビに衣をつけてさっと油で揚げるだけ。甘エビは小さいから、3尾くらいをひとまとめにして揚げるといい。刺身で食べるよりも甘くて濃厚な味わいになるから、ビールのつまみにも最高だよ！

具なしでも旨いトマトクリームパスタ＆ラーメン

これはお客さんに教わった方法なんだけど、甘エビの頭を捨てずにとっておき、軽く炒めてから沸騰した湯に入れて頭も味噌

も殻もしっかりつぶして10分くらい煮てダシをとるの。ざるでこしたら、トマトソースと生クリームを入れて塩で味を調えれば、絶品エビトマトクリームパスタのでき上がり。エビの身は入っていないけど、ダシがものすごく濃厚だからそれだけで充分美味しいの！ このダシにラーメンやそうめんを入れても最高よ。

【芝エビ】

芝エビは、シンプルに塩焼きや塩ゆでで！

芝エビはなんといってもとろっとした食感が特徴。香りもよくて上品な味わいだから、まずは塩焼きか塩ゆでで食べてほしいよね。塩ゆでしたら、からしマヨネーズや温めたガーリックバターをつけても合う。

それと、エビを塩ゆでするとき、色が赤くなったらすぐ鍋を火からおろしちゃう人が多いんだけど、4～5分かけて中までちゃんと火を通すのが美味しく食べるコツだよ（ブラックタイガーなど大きめのエビはもう少し時間がかかることも）。

その他の楽しみ方

- **フライ**
- **エビチリ**

魚キヨに足しげく通うファンの声

私もこんなにハマってます!

大の苦手だった魚料理が楽しくできるように!

——フリーエディター　西園寺リリカさん

恵比寿の駅近くを通るたびに気になってはいた魚キヨさん。でも、なにしろ私は魚料理が大の苦手で、親にさえ「魚料理だけは作らないで」とお願いされていたくらい（笑）。下処理や調理法がまずいせいか、煮たり焼いたりすると部屋中ににおいがつくのも気になったりして、家ではお刺身くらいしか食べず、「魚はお店で食べるもの」と決めていました。

それが魚キヨさんの魚を知ってから一変！　下処理は全部やってくれるし、魚そのものがいいから臭みもない。家で食べる魚を美味しいと思ったのは本当に久しぶりだったのです。何より、魚キヨさんで教わるレシピが最高！　私のような料理ベタにも簡単で、聞いてるそばから頭の中で想像が膨らみ、いつもよだれが出そうに（笑）。魚屋じゃないと知らない食べ方もあって、新しい発見や料理のヒントもたくさんもらっています。

カツオのハラス、アナゴ、タチウオ……と、我が家ではまず食卓に並ぶことのなかった魚の美味しさを知ることができたのも魚キヨさんのおかげ。熱烈なファンのひとりとして、これからも足しげく通います！

イカのごま油がけ
（P55参照）

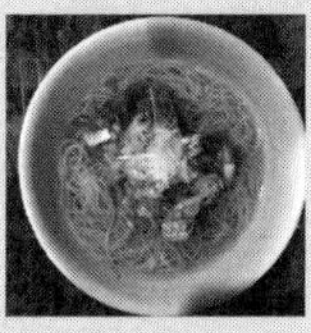

具なしエビそうめん
（P66参照）

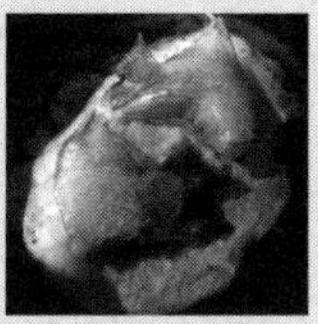

鯛の〝塩釜風〟蒸し焼き
（P110参照）

牡蠣【カキ】

新鮮なものを加熱するとさらに旨い！

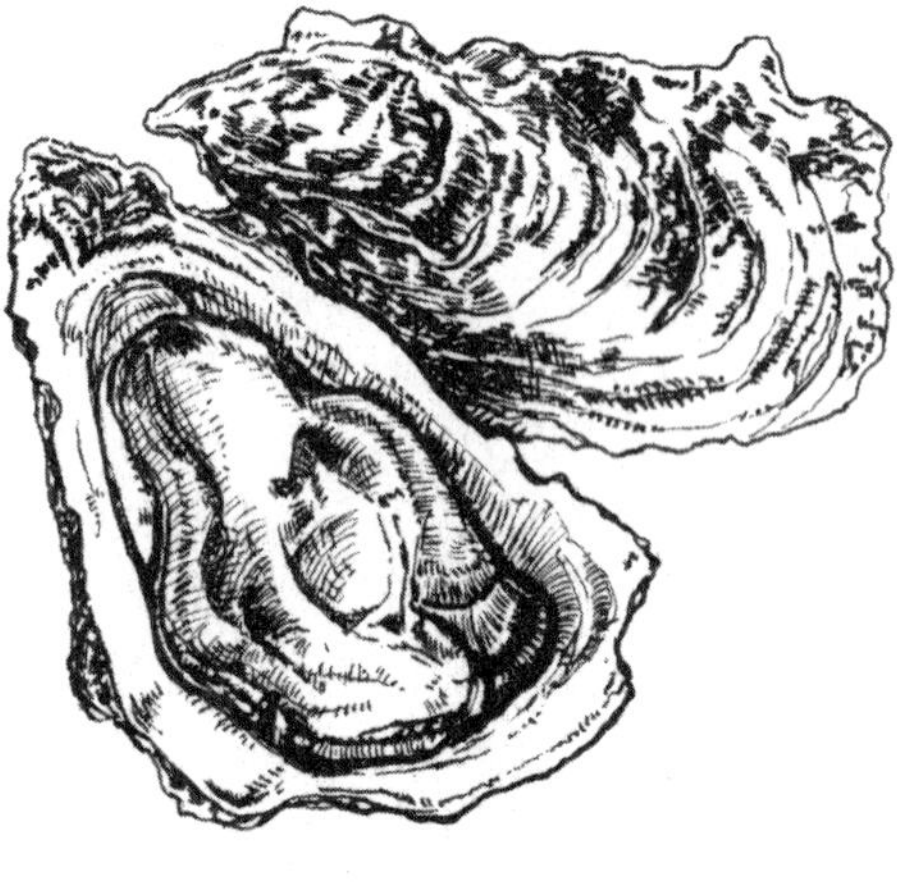

いつ頃が美味しい？

一般的に食べられている真ガキは、10月～３月頃が旬。ただ、今は計画生産が可能になり、一年中良質なものが流通するようになった。

普通、貝はヒモと貝柱と筋肉を食べるんだけど、カキは80%がワタ。あのぶよぶよがイヤだ、という人もいて好みが分かれるよね。

カキの旬は冬。「花見過ぎたらカキ食うな」と昔からいわれているように、夏場は産卵期だし、菌が繁殖しやすいから出回るのは3月いっぱいくらいまで、真夏に出るものは岩ガキのみというのが常識だった。**ところが最近技術の発達で、計画生産ができるようになって一年中美味しいものが食べられるようになったんだ。**しかも、厳しく自主規制しているから、流通するのは安全なものだけ。カキ好きの人にはうれしいよね。

カキは生、と思う人も多いけど、生食用のカキにあえて火を通して食べる贅沢さもいいんだよ。熱を加えるとプリッとして、よりジューシーさや甘みも増す。たとえば、殻つきのカキを電子レンジで蒸して、とろけるチーズをのせてタバスコかけて食ってもすごく旨いんだよ！

パック入りのカキの中には、水分で身を膨らませているものもあるから、見た目の大きさだけに惑わされないでね。

こうやって食べてみな！

俺の鉄板メニュー！ とろ～りチーズのレンジde蒸しガキ

まず、酒をふりかけて、殻つきのカキを皿に並べて電子レンジで蒸す。５００Wので1個につき2分くらいが目安かな。殻を開いてまずはそのまま食べる。塩けがあるから味つけしなくてもいいくらいだね。

そのあとは、チーズをのせてもう一度レンジに入れ、アツアツにタバスコをかけて食べるのも旨いよ！　とろとろのチーズとピリ辛のタバスコがミルキーなカキによく合うから、ぺろりと食べられちゃうんだ。殻つきのカキが手に入ったら、一度やってみてよ。

香りもごちそう！ 酔っぱらいガキ

殻を外してあるものはゆでガキにするのもいい。俺がよくやるのが少量の酒だけでカキを煮る、名付けて〝酔っぱらいガキ〟。それに刻んだねぎと七味唐辛子をかけて、ちょっとしょうゆをたらす。これで日本酒を飲むとまた進むんだよな。**生食用の新鮮なものでやるのがポイントだよ！**

市販のタレで簡単カキのキムチ漬け

生食用のカキをにら、ねぎのみじん切りと市販のキムチの素に漬けるだけ。仕上げに白ごまと和えて食べると絶品だよ！　冷蔵庫で2～3日は日持ちするから、酒のつまみやご飯のお供に作っておくといいよね。

珍味！カキ豆腐

水きりした豆腐と、湯通しして水けをきったカキをすり鉢に入れてよく混ぜ、味噌少々と片栗粉をふり入れ、よく練り合わせる。これを器に入れて蒸したら完成。そのままでもいいし、ダシ汁で作ったあんをかけたり、大根おろしと食べても旨いよ。

その他の楽しみ方

- **バター焼き**
- **フライ**
- **ソテー**
- **鍋**
- **南蛮漬け**
- **グラタン**

鰹【カツオ】

春と秋とで
食べ比べてみてよ。
「ゆでる」
「蒸す」も旨い！

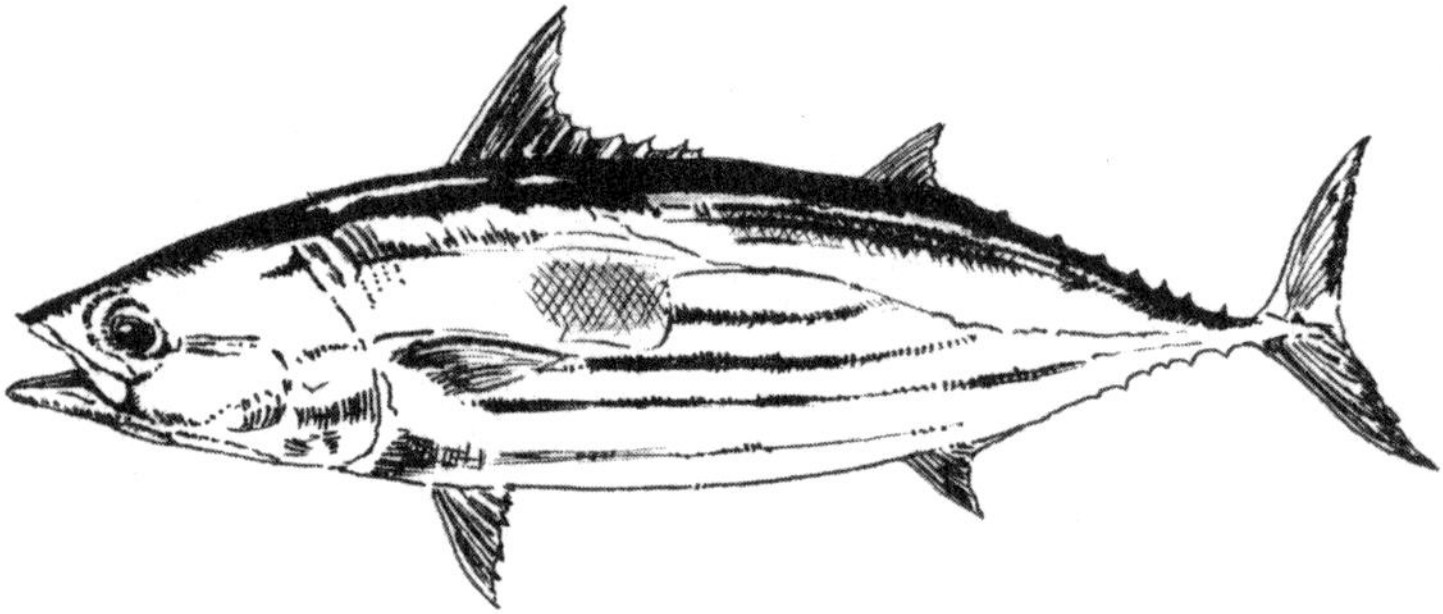

いつ頃が美味しい？

カツオは鹿児島周辺から北上し、北海道の南部あたりからまた南下する。カツオ漁の始まる３月頃～５月頃までのカツオは「初ガツオ」、８月～９月に南下して戻ってくるカツオを「戻りガツオ」と呼ぶ。

カツオは3月~5月の春の初ガツオと、秋の戻りガツオがあるよね。春のカツオは脂が少なくさっぱり系。昔から「初ガツオは血で食え」って言葉があって、これは鮮度のいいものを食べろ、という意味。**つまり、春のカツオは鮮度がいいことが選ぶ際の絶対条件なんだ。一方、秋の戻りガツオは、脂がものすごくのっているのが特徴。**

刺身はもちろん、塩焼きにしてしょうがじょうゆで、というのも俺たちの定番。ただし冷めると身が固くなるから、熱いうちに食べるのが鉄則！あと、残ってしまったら、すりおろしたしょうがとにんにく、しょうゆのタレにつけてから竜田揚げにしたり、なすと一緒に煮たりもする。カツオといえば刺身かたたきくらいしか食べ方を知らない人もいるみたいだけど、実はいろんな食べ方ができるってことを、ぜひ知ってほしいね。

あと、うちにはカツオの〝ハラス〟が入ることもある。ハラスは皮ギリギリの部位なんだけど、塩と酒をふりかけて電子レンジで蒸すと、これが旨い。噛めば噛むほどカツオの濃厚なうまみが口の中に溢れてくるよ。

こうやって食べてみな！

ツナ感覚で使える！カツオのレンジ蒸し

カツオって刺身やたたきくらいしか食べない人も多いんだけど、**俺らは蒸したりゆでたりしたカツオも大好物。**塩を軽くふって酒をふりかけて500Wの電子レンジで2分半くらい蒸したら、身をほぐしてサラダにするのもいい。玉ねぎドレッシングとかも合うよね。

あと、カツオをゆでたものをほぐして、すりおろしたにんにく、こしょう、オリーブオイルと和えて食べるのもよくやる方法。ツナみたいな感じで食べられるから、マヨネーズとも合うよ！

たたきに飽きたら竜田揚げに！

常連のお客さんから「カツオのたたきを

いただいたんだけど、量が多すぎて余っちゃったの」って相談されたりすると、おすすめするのが竜田揚げ。

すりおろしたしょうがとにんにくを入れたしょうゆにつけて、味を含ませてから片栗粉をまぶして、カラッと揚げれば完成。

刺身用のサクから作るより、たたきになってるもののほうが、血も出ないし竜田揚げにするには扱いやすいみたいね。

カツオはビタミンと鉄分が多くて、貧血にもいいって聞くから、女性にもたくさん食べてほしいわね。

意外な組み合わせ！なすとカツオの角煮

常備菜でよくあるのがカツオの角煮だけど、バリエーションとしてなすと一緒に甘辛く煮るのもおすすめ！ なすがカツオのダシを全部吸うからとってもジューシーに仕上がるの。カツオをほぐして煮汁につけながら食べると最高よ！

その他の楽しみ方

- **刺身**
- **たたき**

干物だけじゃない！秋カマスのフライを一度試してみてよ

魳

【カマス】

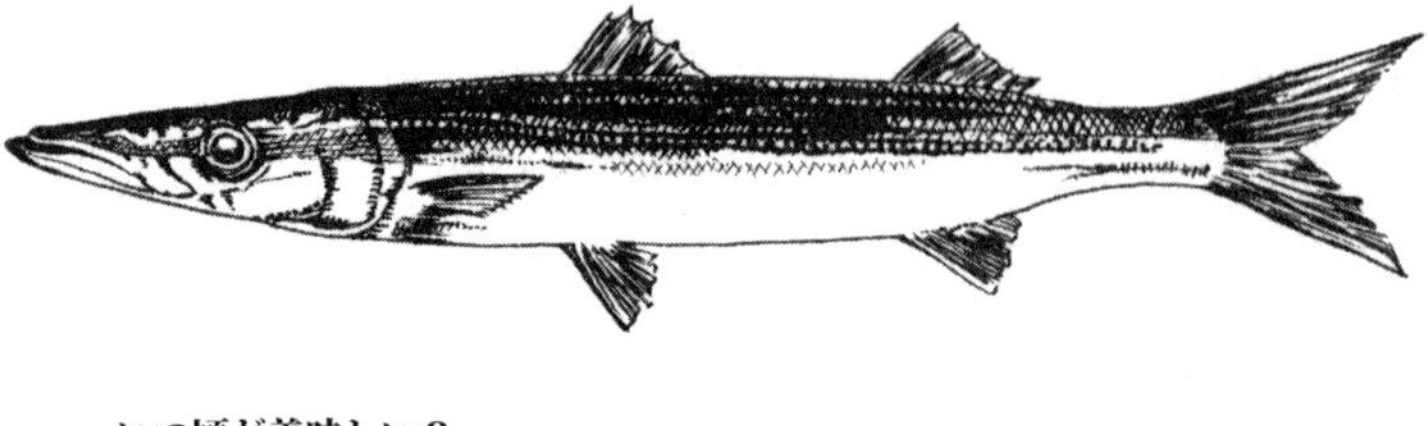

いつ頃が美味しい？

10月頃からの秋から冬がおすすめ。主に神奈川、千葉、九州のものがよい。

見分け方は？

巻き網で獲ることが多いカマスは、傷がついていたり、くすんで見えるものもあるが、鮮度が悪いわけではない。むしろうろこがピカピカ光っているものは脂がのっていないことが多い。丸々と太ってふっくらしているものを選ぼう。

カマスというと、干物くらいしかイメージがわかない人もいるよね。でも、生のカマスはいろいろな料理ができるからぜひ食べてみてほしい。

カマスの身は柔らかいんだけど、塩をしてしばらくおくとほどよく水けが抜けるから、それから調理するとさらに美味しくなる。塩焼き、ムニエル、フライにすると**中はふわふわ、皮目がパリッとして実に旨い！**

〝カマスのフライ〟っていうと意外な顔をされるけどさ。甘みのある上品な味わいで、干物のカマスとはまったく違う印象でびっくりするよ。

一番おすすめなのは、旬の秋に獲れる、鮮度のいい丸々太った大きめのやつ。10月頃からの秋から冬が美味しいね。**昔から「秋サバ、秋カマス」って言葉があるくらい、カマスは秋を代表する魚のひとつ。**

ちょっと値が張るけど旨いから一度は試してみてよ。カマスは巻き網で獲ることが多いから、うろこがちょっとはがれていたり、少しくすんでいるように見えるものもある。だからって鮮度が悪いと思い込まないで店先で確認してみるといいよ。

こうやって食べてみな！

俺のおすすめNo.1はふっくらフライ

騙されたと思って一度やってみてよ。〝カマスってこんなに上品な魚だったの!?〟ってびっくりするから。皮目がパリッ、中身はふっくら柔らかくて、実に旨い。三枚おろしにしたら、塩をふって30分～1時間おくと水分がほどよく抜ける。キッチンペーパーで水けをおさえてから小麦粉をつけて揚げるのがうまく仕上がるコツ。

ハズレなし！王道の塩焼き

今は干物くらいしか見たことない人も多いかもしれないけど、昔からカマスといえば塩焼き、といわれてるくらい王道の食べ方なんだ。確かにシンプルに塩焼きにすると皮が香ばしくて、身自体のうまみがよくわかるね。丸々太った旬のものでぜひ試してみてほしいな。

いくらでも食べられる!?カマスの混ぜご飯

塩焼きにした身が余ったら、作ってみて。身をほぐして、刻んだ青じそと白ごまをご飯にさっくり混ぜるだけ。好みでしょうゆをちょっとたらしても。

さっぱりしていて、いくらでも食べられちゃうわよ。飲んだあとのシメなんかにもいいわよね。おにぎりにしてもこれがまた美味しいのよ。

これは珍味！たたきもイケる

三枚におろしたらバーナーでさっと皮目をあぶって、たたきに。皮目のなんとも香ばしい香りと、身の上品な甘みで上等なおかずになるよ。白髪ねぎを添えるとなおいいね。

その他の楽しみ方

・ムニエル

・天ぷら

夏は塩焼き、冬は煮つけと食べ分ける

鰈

【カレイ】

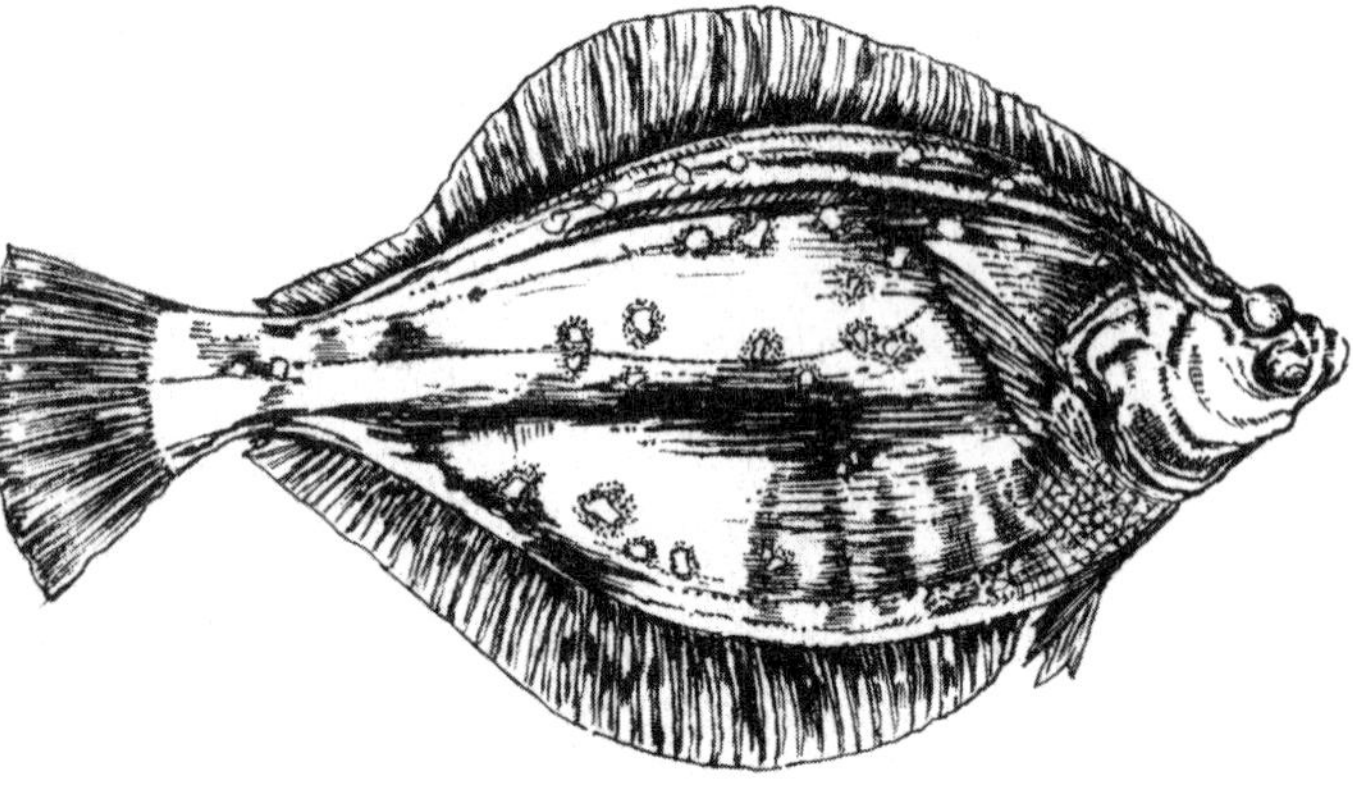

いつ頃が美味しい？

一般的に子持ちの冬の時期が珍重されるが、夏は真子ガレイ、メイタガレイなどが美味しい。秋口から冬場は真ガレイなどが美味しい旬。

カレイは本当にいろいろな種類のものが出回っていて、夏場と冬場で美味しい獲れ場も種類も、もちろん味も違うから、覚えておくといいね。たとえば、真子ガレイは夏場のほうが身はしっかりしておすすめ。神奈川の小柴、千葉の竹岡などの江戸前で獲れるのが旨いよね。夏は他にメイタガレイなんかも入る。新鮮なものを刺身、洗いで食べるのも夏場ならではの楽しみ方。冬は煮つけ用のアカガレイとかナメタガレイが多いかな。

一般的には〝カレイといえば煮つけ〟というイメージが強いけど、特に夏のカレイは身がさっぱりしているから塩焼きや唐揚げが合うと思う。 人それぞれ好みはあると思うけど、俺と姉貴は夏は塩焼き、逆に冬のカレイは煮つけのほうが旨いと思ってるんだ。あと、涼しい時期には自家製干物にチャレンジしてみるのもおすすめ。

ちなみにカレイは身に厚みのあるほうが旨いから、大きさよりも横から見て胸板の厚みをチェックして買うといいと思うよ。

こうやって食べてみな！

夏場のカレイは
まずは
塩焼きで！

俺と姉貴は魚の食べ方の好みが結構違って張り合ったりするんだけど、珍しく一致する意見として（笑）、夏のカレイといえば塩焼きが鉄板だね。

冬場に比べて夏に出回るものは、淡泊で上品な味わいで、皮目をパリッと焼くと美味しく食べられるんだ。暑いときにさっぱり食べられて、おすすめだよ。

全粒粉が隠し味
皮目が香ばしい唐揚げ

唐揚げも特に私は夏によくやる食べ方。カレイは水分が多いから、唐揚げにする場合は切り身でなく、皮をつけたまま五枚におろしてもらうと揚げやすいわよ。普通に片栗粉を使ってもいいけど、私のおすすめは全粒粉。これをつけて揚げるとカラッと上手に揚がるからぜひ試してみて。

冬の定番 ほろっと 柔らかい煮つけ

冬場になったらやっぱり定番の煮つけが旨いよね。脂ののった身がほろっと柔らかくて、甘辛く煮るとご飯のおかずにぴったり。

夏場によく出て塩焼きで食べるのは真子ガレイだけど、冬場はアカガレイ、ナメタガレイなどの脂がのったいいものが入るから一度は食べてみてよ。

ベランダで簡単 自家製生干し

まず、開いたカレイを海水と同じくらいの濃度の塩水に30分~1時間半くらいつける。真水にくぐらせて塩けを軽く落としたら、ざるなどに上げて風通しのよいところで3~4時間干す。半生くらいの感じがちょうどいいので、時々様子を見ながら時間は調整するといいね。

その他の楽しみ方

・**刺身、洗い(夏)**

小さいけど、むしろ使い勝手のいい魚！

鱚

【キス】

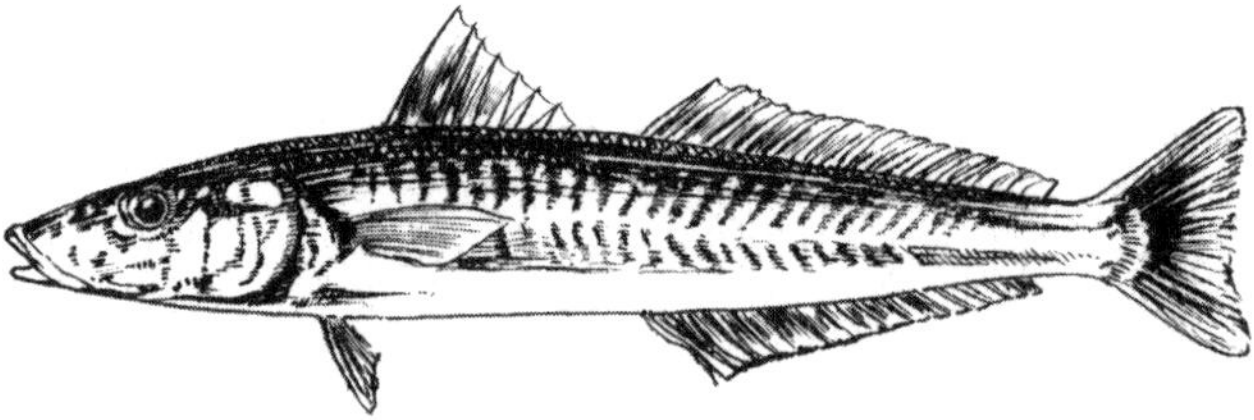

いつ頃が美味しい？

夏はたくさん獲れるが、美味しい時期は11月～８月。神奈川の小柴、千葉の竹岡、富津など、江戸前のものがよい。

キスは夏に卵を抱いているから、素人の釣り人でも浮かんでくるのを一網打尽にできる。だから**たくさん獲れる旬は夏だけど、旨い時期は11月～8月の江戸前のものが断トツ。**特に11月頃の新物のキスは一口でパクッと食べられるくらいの大きさが、身がほわっとしていて旨いんだ。

一般的に開きで出回っているのは冷凍ものや加工ものが多いし、あまり美味しいイメージがないっていう声も聞くけど、もったいないよね。ぜひ一度うちの鮮度のいいやつを食べてみてほしいね！

天ぷらくらいしか使い道がないと思っているかもしれないけど、**実は意外と使い勝手がいい魚なんだよね。**淡泊な白身魚だけど旬の時期は味も濃厚だから、塩焼きもイケるしフライ、ムニエルにしても美味しいよ。

あと、あまり知られてないけど、昆布締めで食べても旨いんだよね。三枚におろしたものに、塩をして昆布で挟んでおくだけ、細切りにするとなんとも上品な味わいでびっくりするよ。ちょっと粋な酒の肴《さかな》になるから、いろいろ調理してみてよ。

こうやって食べてみな！

上品な味わい！さっぱり昆布締め

三枚におろして塩をふり、昆布の間に挟んで、冷蔵庫に一晩くらいおくだけ。昆布締めは鯛やヒラメなんかでよくあるけど、キスでやってもとても合うのよ。

忙しいときに便利！シンプルソテー

開いたキスにしょうゆを少し加えてもみ込み、小麦粉をつけてサラダ油でソテー。レモン汁をかけて食べてね。あっという間にできるから、家族みんなが揃ってから作っても充分間に合うのよ。覚えとくと便利。

その他の楽しみ方

- **天ぷら**
- **フライ**
- **ムニエル**
- **塩焼き**

魚キヨに足しげく通うファンの声

私もこんなにハマってます！

お客様を呼ぶ〝力のある魚〟を築地に行くより確実に買える店！

――孫ヱ門　店主　河合 浩さん

魚キヨさんとのお付き合いはかれこれ13〜14年になりますかね。うちの店は魚と野菜料理をメインに出しているので、「やっぱり魚は築地で仕入れてるの？」ってよく聞かれます。「毎朝築地に行ってます」っていうほうが聞こえはいい、でも、築地に出ている魚は玉石混淆。普通の料理人が行っても、必ずしもいいものが買えるとは限らない。その点、魚キヨさんは魚の目利きに関してプロ中のプロですからね。彼らが選び抜いてきたものから買うほうが、確実にいいものが手に入るんです。そんなわけで魚キヨさんには、毎日お世話になっています。

魚キヨさんの扱う魚にハズレはありませんが、その中でも「これは俺が長年扱った中で、一、二を争うレベルだ」とすすめられて買った甘鯛はやっぱりすごかったですね。これがきっかけで甘鯛に開眼しました。また、北海道のイワシも抜群の美味しさで、口コミで「この店のイワシ料理は最高だから絶対に食べて」といわれて来店した方もいるくらいなんです。こういうお客様を呼べる〝力のある魚〟を持ってこられるのが魚キヨさんのすごさ。飲食店としては、本当にありがたいですね。

一見ぶっきらぼうに見えますが（笑）すごくきめ細やかで、それぞれの店の料理の個性や価格帯を把握していて、それに合うものを的確にすすめてくれるのはもちろん、前回仕入れたものまで覚えているのには脱帽します。おすすめの料理法や、相場より安く入った魚は「これでひと儲けしなよ」と親身に教えてくれたりと、いつも飲食店の内情まで配慮してくれるんです。うちにとっては、本当に心強い味方ですね。

キンキ

最高の釣りものをお客さんに食べてほしいんだよな

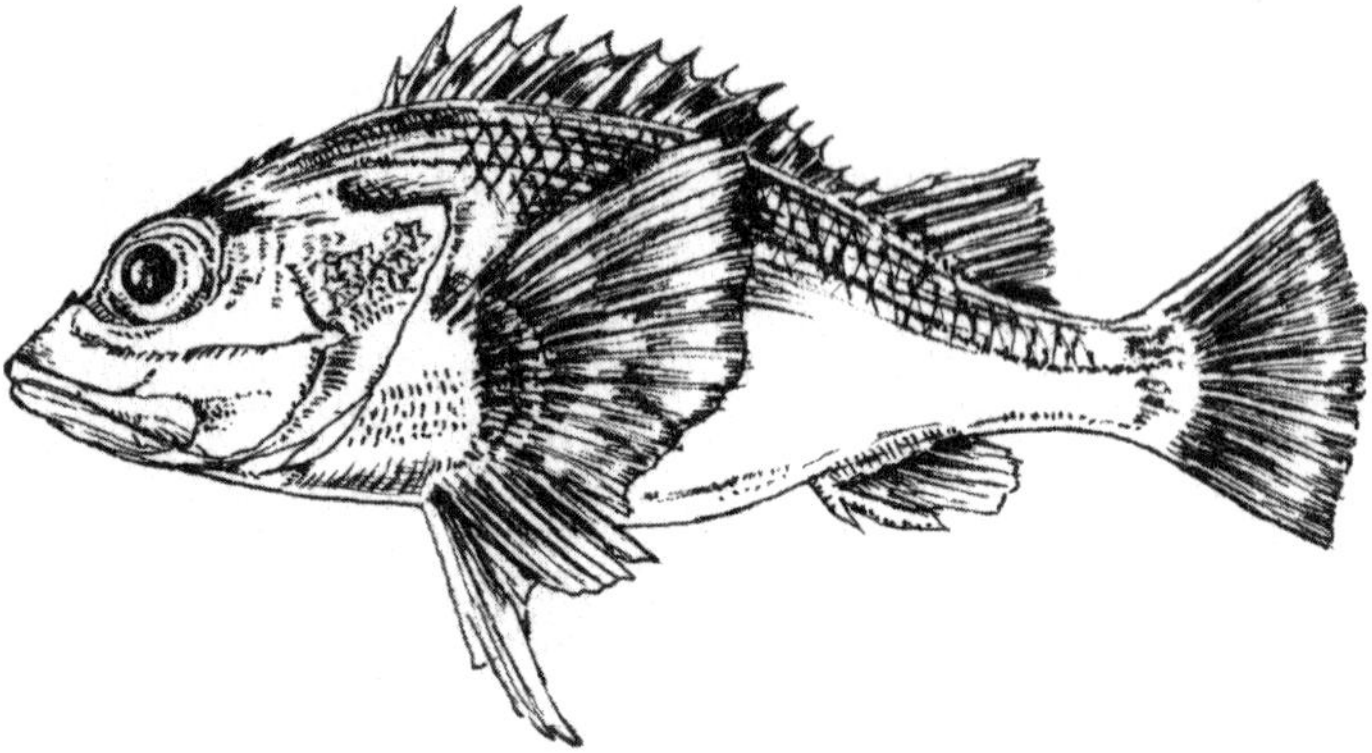

いつ頃が美味しい？

春の産卵のために栄養をしっかりつけた12月～２月の冬が一番美味しい時期。

前から高級魚だったけど、さらに値段が上がっちゃったね。うちは10年くらい前まで数尾をざる盛りで売ってたんだけど、もう無理だな。この前若いお兄さんが「僕もいつかキンキを買えるようになりたい！　でも今日はイワシにしときます」ってさ。なかなか見どころあるよね（笑）。

夏も獲れるけど、**春の産卵前に栄養を蓄えた12月～2月の寒い頃が最も美味しい時期。**特に北海道の根室や網走、知床産のキンキは、脂が甘くてとろ～っとして、びっくりするほど旨いんだ。これを見るたび、「こういう旨い魚をお客さんに食べてほしいんだよな」って思う。そして、せっかく食べるなら底引き網で獲ったものじゃなくて、ちょっと高いけど**ぜひ釣りものをすすめたいね。**鮮度も状態もいいから、網走では「釣きんき」としてブランド化してるくらいなんだ。

キンキは身が柔らかいけど、うまみがすごくあるから俺たちは塩水でゆでて、生じょうゆかポン酢で食べるのもよくやる。あと、野菜やねぎを入れてまるごとスープにするのも旨いよ！

こうやって食べてみな！

脂の甘みが際立つキンキの塩ゆで

キンキは定番の煮つけがやっぱり旨い。まずは煮つけで食べて、もし次にまた食べることになったら、シンプルに塩水でゆでるのもおすすめ。これはちょっと上級者というか、まあいわば俺ら魚屋流の食べ方なんだけどね。

そのときのいい漁場で獲れた、旬で脂がのっている本当に旨いキンキでぜひ一度試してみてほしいね。塩で甘みが増すから、生じょうゆかポン酢でさっぱりと食べてみると、脂がのったこの魚のうまみがよくわかると思うよ！

野菜たっぷりキンキのスープ

キンキはいいダシが出るから、野菜やねぎと一緒に煮てスープで食べるのも一計！味つけは塩やしょうゆで和風にしてもいいし、洋風にするなら鶏がらスープの素をちょっと加えたりしても美味しく食べられる。

おもてなしにも！贅沢アクアパッツァ

レストランでキンキのアクアパッツァなんて頼んだら、小さいものでも結構な値段しちゃうわよね。簡単にできるから、家で作ってみて。おもてなしのときに出したら、きっと感激されるわよ。

ワタを取ったキンキに塩、こしょうして、オリーブオイルでにんにくを炒めたあとにフライパンに入れて両面を焼く。あとはアサリやドライトマト、好みの野菜を入れ、水を加えて煮るだけ。魚介のダシがたっぷり出るから汁がまた美味しいの。

その他の楽しみ方

・煮つけ

時鮭と秋鮭、調理法を変えて楽しもう

鮭

【サケ】

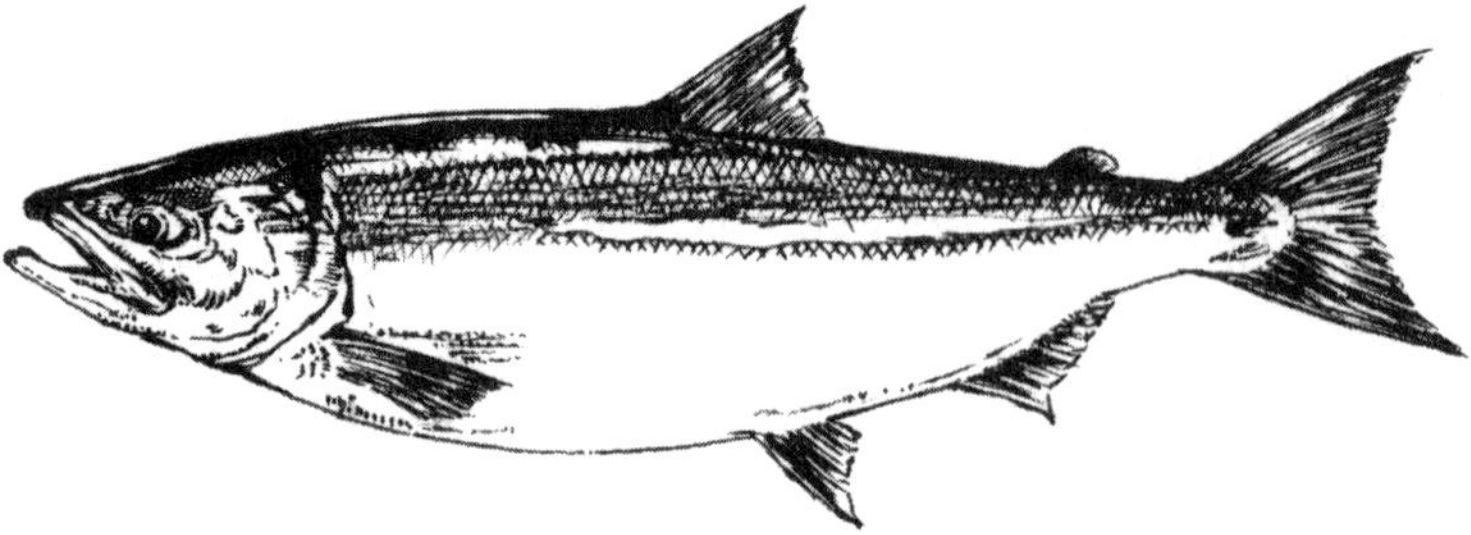

いつ頃が美味しい？

鮭は川から海へ下り、産卵のために戻ってくる９月～10月が水揚げのピーク。この時期のものを秋鮭という。４月～６月に戻ってきた鮭は時鮭、ときしらずと呼ばれる。

鮭は一年中どの魚屋にもある定番の魚だし、食卓にのぼることも頻繁にあるよね。**でも、季節によって鮭も味が違うということを知っておくと、もっと美味しく食べられると思うんだ。**たとえば、4月くらいから出回る時鮭っていうのがあるよね。鮭は秋が旬といわれているのに、この時期に獲れるから別名「ときしらず（時知らず）」とも呼ばれるんだけど、これは脂がのってるから、塩焼きはもちろん、甘辛く煮つけただけでも脂がしっとりして旨い。

一方、秋鮭は脂が少なくさっぱりしてるのが特徴だから、料理で油を足してあげるとさらに美味しく食べられる。フライ、ムニエルのほか、俺らは鮭を塩水でゆでてせん切りにしたキャベツと合わせ、マヨネーズで豪快に混ぜたりする。あと、切り身を味噌で煮て仕上げにバターをちょっと落としたりするのもコクが出て旨いよ！

鮭に限らず魚を上手に料理するコツは「その魚の脂ののりがどうか」ということが左右するから、そういうことも店で聞いてみるといいね。

こうやって食べてみな！

【時鮭】

脂の旨さがタレとからまる時鮭の甘辛煮

脂がのってる時鮭の旨いやつはしょうゆ、みりん、酒とかでただ甘辛く煮つけるだけでも充分！　脂のうまみがタレによくからんで、ご飯もつい食べすぎちゃうよ。

見つけたら買い！時鮭の筋子しょうゆ漬け

4月～6月に出回る時鮭は若いから、普通の秋鮭の卵よりも粒が小さくて、それを包んでいる筋も細いんだ。これが皮も柔らかいし、味も濃厚で実に旨い。美味しさを知っている地元の人たちで食べられちゃうから、あまり出回ってないけど、見つけたら買いだね。今年もごく小さな粒のものが入って、買ったお客さんは感激してたよ。

そのまま食べても旨いけど、しょうゆ漬けにするとまたイケる。作り方は簡単で、麺つゆとしょうゆを合わせ、好みの濃さに調整したら筋子を入れて30分漬ける。汁からあげて2～3時間味をなじませたら完成。噛むととろ～っとして、甘みもうまみも濃厚！　そうそうこの作り方は、秋鮭の筋子でも同じだから、覚えとくと便利だよ。

【秋鮭】

豪快に混ぜる！秋鮭とキャベツのマヨネーズ和え

鮭は塩でゆでて適当に身をほぐしたら、せん切りにしたキャベツ、マヨネーズを加えて、ぐちゃぐちゃにかき混ぜる（笑）。キャベツと鮭ってすごく合うんだよね。マヨネーズが入ることで、脂が少ない秋鮭でもこってりとした風味になるよ。

秋鮭のコク味噌バター煮

脂のさっぱりした秋鮭はバターとの相性も抜群。味噌で煮て、最後にバターを落とすと、コクが増してすごく旨い！

その他の楽しみ方

- **塩焼き**
- **照り焼き**

実はからしや
カレー粉も
合うんだよね

鯖

【サバ】

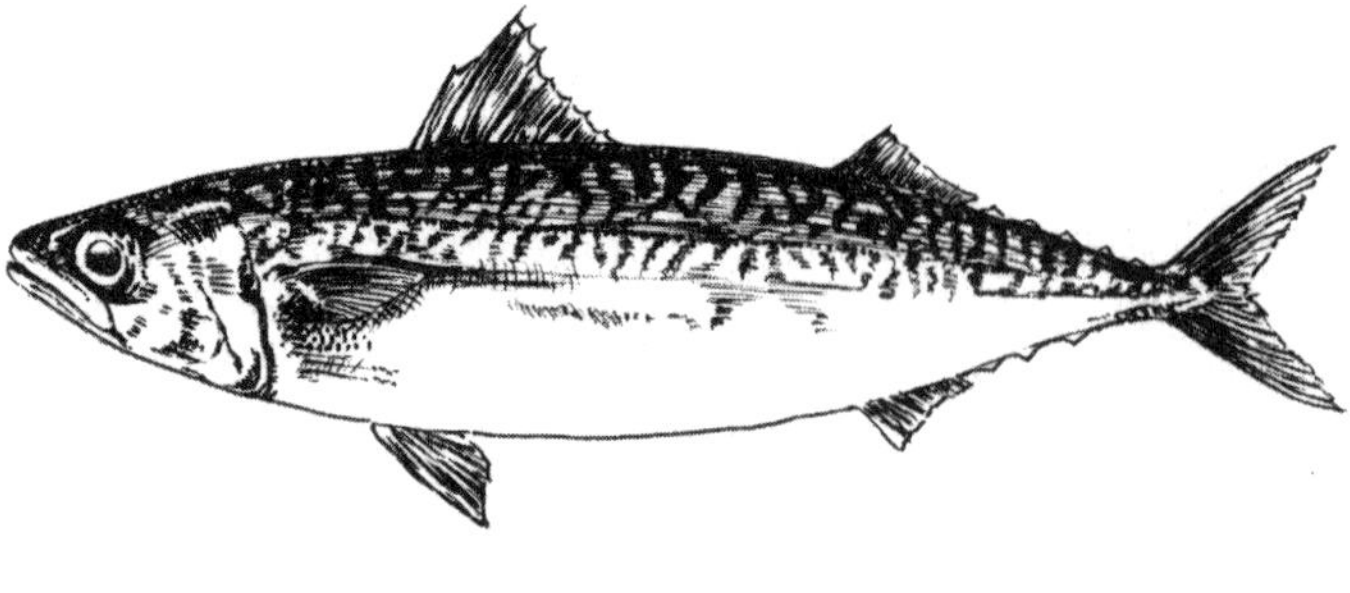

いつ頃が美味しい？

脂がのりはじめる９月～11月の晩秋から２月頃までが美味しい旬。

今と違って昭和50年代くらいまでは、魚屋は夏にサバは売らなかったもんなんだよね。理由はずばり、美味しくないから。**サバは一般的に脂がのりはじめる9月～11月の晩秋から2月くらいまでが旨い時期なんだ。**でも、それ以外の時期にも漁場によってはたまにいいものが獲れたりするから、うちでは吟味して仕入れたりするけどね。そういうこだわって仕入れたものじゃない限り、旬以外にはあまり手を出さないほうがいいかもしれないね。

サバは刺身、塩焼き、味噌煮なんかが定番だけど、パンチの利いた味つけもすごく合うんだよ。カレー粉をつけてムニエルにしたりすると旨いよ。あと俺はからしじょうゆをつけて食べるのが好きだね。

俺らは毎日、この魚にカレー粉つけたらどうなんだろう？　とか、カレー粉が合うならキムチも合うかな？　とか、家に常備している手近な調味料で気軽に試してるから、みんなもそうやって自分の好きな食べ方を見つけるといいと思うよ。失敗を恐れないことも魚を上手に食べるコツだね！

こうやって食べてみな！

からしじょうゆで塩焼きを2倍旨く

脂ののったサバをシンプルな塩焼きにすると旨いよね。この定番料理をからしじょうゆにつけて食べるのが俺のおすすめ。

市場で売っているサバ寿司にはからしがついてて、同じサバなんだから合うだろう、って塩焼きにも試してみたら、やっぱりビンゴ！　サバの強い味にピリッとした辛みがマッチして、なかなかイケるから試してみてよ。

ちなみにカツオにもからしじょうゆは合うよ。

香りが食欲をそそるカレー粉のムニエル

サバに塩をふり、カレー粉をつけて油をひいたフライパンで焼くだけ。サバのうまみとスパイシーなカレーの風味とが絶妙なバランスだよ。サバの臭みが苦手っていう人も、これなら大丈夫じゃないかな。

実はカレー粉と青魚はたいてい相性がいいから、他のものとも試してみるといいよ。味噌漬けのイメージが強いサワラなんかもおすすめだよ。

とろっと柔らか サバの味噌煮

これは魚のお惣菜を売ってるうちの従弟に教えてもらったんだけど、まず買ってきたら新鮮なうちに、サバを酒と隠し味にしょうゆを小さじ1くらい入れた砂糖水で煮ちゃうの。そして、味噌の半量だけ加えて冷ましておく。食べる直前に温めて、残りの味噌を加えるのが美味しく作るコツ。

　砂糖で身を柔らかくしておいて、いったん冷ますことで味がよくしみ込み、食べる直前に味噌を足すから風味もいいのよね。

　忙しいときは煮ておいて、翌日味噌を加えて仕上げてもＯＫよ。

その他の楽しみ方

- **刺身**
- **酢の物**
- **竜田揚げ**

8月に獲れる最高級のもの、一度食べてみてよ！

秋刀魚

【サンマ】

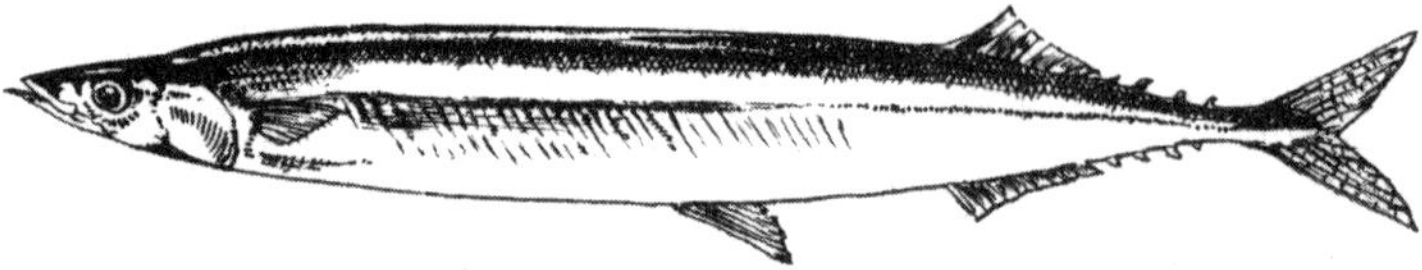

いつ頃が美味しい？
サンマの旬は秋とされているが、美味しい時期は、８月のお盆前後から９月前半が目安。

信用できる店で出始めの丸々太った、ちょっと高めのサンマを一度買ってみてよ！　そうすると1尾150円のサンマとの違いがよくわかると思うよ。サンマは獲れ場、鮮度、大きさで全部値段が決まるんだけど、10月に「旬だよ！」って安売りしているサンマは、いわゆるたくさん獲れる意味での旬だから、俺らがいう旨いサンマとは全然味が違うんだ。

サンマは北海道から南下してきて、千葉の銚子あたりでいっぱい獲れるんだけど、その頃には泳ぎきって、身は痩せて脂は抜ける。だから、南下する前に北海道で獲れる、たっぷり脂を蓄えたサンマが最高に旨いんだ。当然、時期がちょっと早くなるから、**北海道のサンマが入るのは、8月のお盆前後から9月前半が狙い目だね。**刺身、塩焼きがおすすめ。それ以降のものは脂が少なくなるから、フライ、酢の物やつみれ、炊き込みご飯、と調理するのがいいね。俺はつみれはサンマのものが一番旨いと思ってるんだ。何回か買って食べ比べてみると本当に旨いサンマってどういうものかがわかるはずだよ。

こうやって食べてみな！

刺身以上の旨さに感動する締めサンマ

サンマは酢の物にしてもすごく美味しいの！　サンマを刺身にして塩をして、少しおいたら水けをとって、酢につけてねかせるだけ。いわゆる、締めサンマよね。

水分がほどよく抜けて、身も引き締まるからうまみも凝縮。脂がとろけるような刺身ももちろん美味しいけど、こっちのほうが好きっていう人も多いのよ。またひと味違った楽しみ方ね。

カラッとジューシーサンマのフライ

お客さんに「サンマのフライ」というと「へえ〜」って驚かれるんだけど、ソースでも大根おろしを入れたポン酢でも、塩で食べても合うから作ってみて。

作り方はアジと同じように、三枚におろして食べやすい大きさにカットしたら、衣をつけて揚げるだけ。

文句なしに旨い！ サンマの炊き込みご飯

これは10月くらいにサンマが手頃な値段になったら、ぜひやってみて。

生のままで入れる人もいるけど、塩焼きにしてから炊くのも香ばしくて美味しい。

ワタは苦手な人は入れなくてＯＫ。研いだお米に味つけはダシとしょうゆくらいで、焼いたサンマをのせたらスイッチオン。

炊き上がったら頭や大きな骨を取り除き、サンマをほぐしながらご飯と混ぜればでき上がり。薬味に刻んだねぎや青じそを添えるといいわよ。サンマの香ばしいうまみがご飯に溶け込んでて、ほんと何杯でもイケちゃうから危険なの（笑）。

俺の一押し！ サンマのつみれ

一度ぜひ食べてもらいたいのがつみれ。包丁で身をたたいて、少し片栗粉を入れて混ぜるだけ。個人的にはつみれの中で一番旨いと思うんだよね。

その他の楽しみ方

- **刺身**
- **塩焼き**
- **竜田揚げ**

旬は夏限定。信用できる目利きから買うこと

鱸

【スズキ】

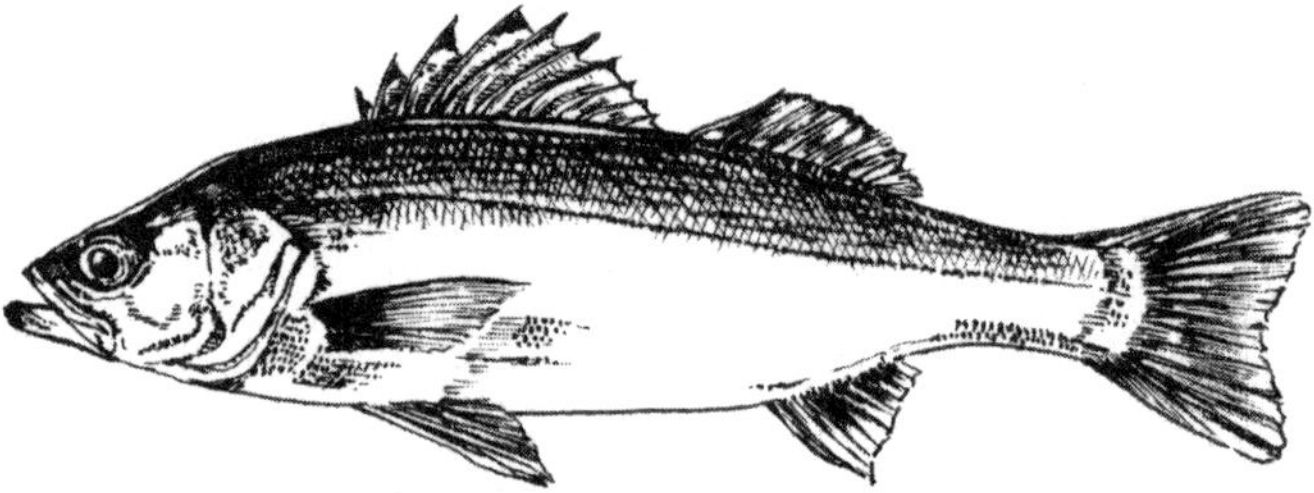

いつ頃が美味しい？

産卵期に内湾部でたくさん獲れるため、よく出回る冬が旬とされることがあるが、美味しい旬は夏。

スズキは高級魚で知られているけど、実は同じ大きさでも獲れ場によって値段も味も月とすっぽん。普段あまりこういうことはいわないけど、**スズキだけは安いものを買っちゃダメ。**信用できる店で、できれば獲れ場を確認して買ってほしいな。なぜなら、河口や湾の中は川の水が流れ込んでいるから塩分濃度が低くなる。そういう所にいるものは、独特のクセが強くなるんだよね。だから常磐や愛知、三重とかの外海を泳いでいるやつがいいんだ。あまり知られてないけど、日本海側で獲れるものもすごく旨い。

あと、スズキは脂がのってる夏が旬。身が痩せちゃう冬は味が落ちるからやめたほうがいい。レストランで真冬にスズキを出してる店があるけどさ。プロの料理人はソースの味つけでカバーできるのかもしれないけど、魚本来の旨さは味わえないと思うんだ。それで〝美味しくないわね〟って、敬遠する人が増えたんじゃないかな、残念だよね。いくら高級魚でも、季節はずれのものは美味しくない。旨い時期のスズキは塩焼きにするだけでも本当は最高に旨いってこと、ぜひ知ってほしいね。

こうやって食べてみな！

身の旨さを堪能。ふっくら塩焼き

夏の丸々太った旨いスズキは塩焼きが絶品！　上品な白身はふっくらとして、**ちょっと川魚のような野性味のある香りがいいんだよね。**これが苦手って人もいるけど、ハマる人は絶賛する。淡泊な中にも独特の風味があって、やっぱり他にはない味わいだからね。

ちょっと値が張るけど、夏にうちに入るスズキ、一度食べてみてほしいね。

活け締めものなら刺身か洗いにしても

いい活け締めものが手に入ったら、刺身にするのもいいいね。それから、**そぎ切りにした身を氷水につける〝洗い〟もスズキにぴったりの調理法。**白っぽくなるまで氷水につけ、水けをしっかり拭き取るのがコツ。身がシャキッとして、刺身とはまた違った美味しさが楽しめるよ。

お殿様も好物!? スズキのホイル焼き

松江の名物料理に、スズキを奉書紙（和紙）で包んで蒸し焼きにする「奉書焼き」っていうのがあって、あまりの美味しさに松江藩が門外不出にしていたから、明治になるまで庶民は食べられなかったそうよ。

スズキを蒸すとしっとり柔らかくなるし、臭みも和紙が吸い取るんでしょうね。さすがに和紙でやるのは大変だから、アレンジするなら簡単にアルミホイルでね。

アルミホイルを広げてオリーブオイルを薄く塗って、塩、こしょうしたスズキと、好みの野菜やきのこを包んで、フライパンで焼くだけ。フライパンに少し水を入れてふたをすれば、しっとり仕上がるわよ。そのままでもいいし、好みでポン酢やバター、ちょっと味噌を入れても。

夏にさっぱり澄まし汁

汁物にしても、いい味が出るから、**もし切り身が残ったら、ぜひ作ってみて。**

ダシ汁を沸かしたら、酒、塩、しょうゆで味つけして、好みの大きさに切ったスズキを入れて2〜3分火を通したらでき上がり。

活け締めものと熟成もの、料理によって選ぶといいね

鯛

【タイ】

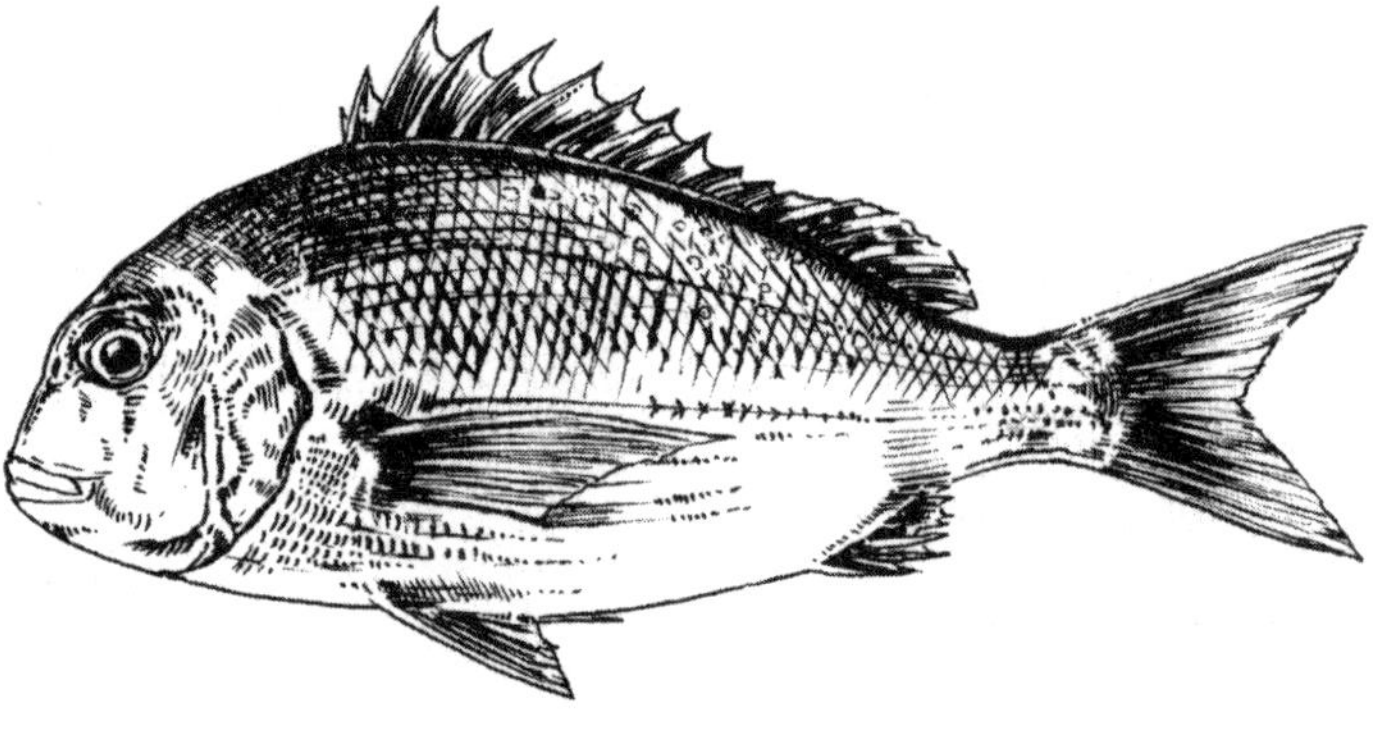

いつ頃が美味しい？

鯛は種類が多く、一年中手に入りやすい。真鯛は９月～５月頃、花鯛は７月～10月頃が目安。

鯛は時期によっていろいろ美味しい種類があるし、淡泊な味はどの食材とも相性がいいからみんなも日常的に使いやすい魚だよね。夏から秋にかけては小ぶりの花鯛も使い勝手がいい。三枚におろしたものに塩と酒をちょっとふりかけてレンジで蒸すだけでも美味しいしね。カマの部分は脂がのってて旨いから、塩焼きにしたり、ごぼうと一緒に煮たりするのもおすすめだよ。あと、うちでは時々、鯛をすり身にしたものを売ることもあって、「離乳食にぴったり！」って常連のママさんにも好評なんだ。

大きめの鯛は、鯛めしにするのもいいよね！　見栄えがして豪華だしさ。もし、鯛めしを作るなら俺らにそうひと言いってもらえるほうがいい。**鯛めしにはその日の朝に活け締めした鯛を使うよりも、少し時間をおいて熟成させた鯛のほうがアミノ酸が増えてうまみが出るんだ。**活け締めの鯛は歯ごたえがいいから、刺身やカルパッチョなんかが合うし、鯛の種類によってもおすすめの調理法が違ったりするから、遠慮せずにどんどん聞いてよ。

こうやって食べてみな！

レストランにも負けない美味しさ 鯛のカルパッチョ

塩、こしょう、オリーブオイルにワインビネガーやバルサミコ酢など好みの酢で味つけしてカルパッチョに。酢のかわりにレモン汁でもさっぱりとして美味しい。ベビーリーフやスプラウトなんかをのせると彩りもきれい。

天然のいい鯛さえ使えば、簡単にレストラン並みの料理になっちゃうから、おもてなしなんかにもおすすめ。

活け締めした当日だと身に歯ごたえがあるからちょっと厚めに切り、翌日少し熟成が進んだものなら薄めに切るといいわよ。

お手軽 “塩釜風” 蒸し焼き

卵白に塩を混ぜたものを鯛の身に塗り、グリルで焼くと塩釜風に！　普通の塩釜焼きは大量の塩で包むけど、この方法ならお手軽にできるわよ。身はふっくら、しっとりして美味しいからぜひ試して。

電子レンジで簡単中華風蒸し魚

電子レンジ用のスチームケースに、ねぎの青い部分をぶつ切りにして敷き、その上に塩をした鯛を置き、酒をちょっと回しかけて、しょうがと白髪ねぎをのせてレンジで2分くらい加熱。蒸し上がったらごま油と好みでしょうゆをたらっとかければ、中華料理の魚の蒸し物風のおかずのでき上がり。お手軽だけど、味はなかなか本格的よ。

旨みを吸ったごぼうが格別ごぼうと鯛のカマの炊き合わせ

薄切りにしたごぼうと鯛のカマを甘辛く煮ると、ごぼうが鯛のうまみを吸って格別！　カマの部分は脂が多く弾力もあるから淡泊な身の部分とはまた違った味わいで、塩焼きや煮つけにすると美味しく食べられるわよ。

うちみたいに飲食業の人たちが大量に買い付けにくる店だと結構カマが出るんだけど、安くて美味しいから目の利く人がすぐ買ってっちゃうのよね。もし見つけたらラッキーよ。

炭酸水が味の秘密
私の一押し
ふわふわフリット

鯛は本当に使い勝手のいい魚で、いろいろ美味しい食べ方はあるけど、私の一押しはふわふわの衣のフリット。
鯛の切り身は塩をして一口大に切り、卵と小麦粉に炭酸水を加え混ぜて作った衣を塗って、少量の油で揚げるだけ。
炭酸水を入れるから衣がふわーっとふくらんで、ふわふわサクサクの食感！　鯛も香ばしくうまみが増して、いくつでも食べられるわよ。炭酸水のかわりに重曹を使ってもＯＫ。
このフリットは、他の魚やブロッコリーでも美味しくできるから、覚えておくと便利ね。

その他の楽しみ方
- **刺身**
- **塩焼き**
- **吸い物**
- **しんじょ**

番外編

書ききれなかった話をご紹介

魚キヨ取材

［その2］

夜の10時半まで開いてる魚屋!?

鮮魚店といえば朝が早く、夜６～７時には店じまい、というイメージだったが……魚キヨは夜の10時半頃まで明かりが灯り、皆忙しそうに働いている。

「毎日８時過ぎから２時間半くらいかけて掃除してるからね」とお兄さん。見ると作業台、床だけでなく、壁、ショーケースの中、ガラス戸まですべて徹底的に洗剤をつけて洗っている。真夏でさえ、臭いと感じたことは一度もないのはこういうわけだったのか。

「親父が掃除に厳しかったからね。歳とってからも〝どけ、俺がやる〟ってブラシ持ってゴシゴシやってたよ」「夜も遅くまで働いてたわよね。子供の頃、近所に大きな自動車工場があって、父は店が終わったあと、その工場の食堂の注文の、数百人分の魚をひとりで黙々とさばいてたのを覚えてるわ」。３人の働き者のＤＮＡは、どうやら先代から受け継いでいるらしい。

２番目の目利きは誰？

仕入れ担当の次男・ヨウジさんは築地の仲卸から魚の見分けを相談されるくらい、目利きで評判。その人が「俺の次に目利き」と一目置くのは……なんと店を手伝う長男のお嫁さん。まったくの素人だったのが、結婚して毎日魚を手で触っているうちに、良し悪しを的確に見分けられるようになってしまったのだとか。「姉貴や兄貴よりすごいよ」と太鼓判を押される凄腕らしい。

太刀魚【タチウオ】

子持ちも狙い目！塩焼き、味噌漬けがおすすめ

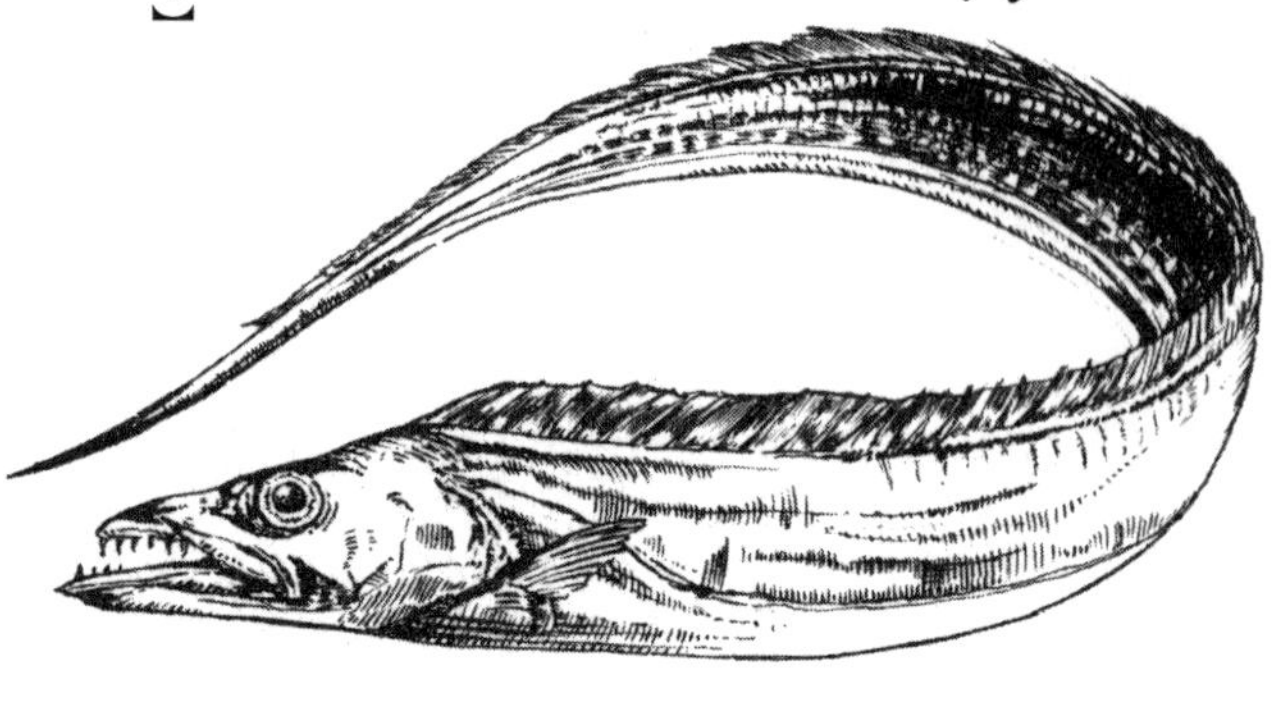

いつ頃が美味しい？

10月～11月に揚がる江戸前のものがおすすめ。四国、宮崎、鹿児島などで獲れるタチウオは、テンジクタチ（キビレタチウオ）といって江戸前のタチウオとは種類が異なる。

普通は小さい切り身で、しかも結構高い値段で売ってるから、うちのでかいタチウオを見ると、びっくりする人も多いよ（笑）。一般的な旬は2月〜5月といわれていて、確かに細いのがいっぱい獲れる。ピカピカ光ってて、いかにも美味しそうに見えるかもしれないけど、実はピカピカ光った魚は、案外身も皮も固くて美味しくないことのほうが多いんだ。

10月、11月になると横須賀あたりで、ものすごくいいのが獲れる。タチウオは四国や鹿児島の港でも揚がるけど、江戸前の身の厚いものは格別。江戸前のは背びれが透明だけど、南のタチウオは背びれが黄みがかっているから、見分けやすいと思うよ。

タチウオはなんといっても塩焼きが香ばしくて旨いよね。子持ちが出ることもあって、卵はねっとりして最高だよ！　塩をして一晩ねかせてから焼くと、塩がまろやかになって身も熟成してさらに美味しくなるんだ。あとは味噌漬けにするのもいい。味噌漬けは脂がのった魚じゃないと美味しくできないから、こういう魚が手に入ったときこそ作ってみてよ。

こうやって食べてみな！

うまみが半端ない熟成タチウオの塩焼き

その日に焼くのももちろんいいけど、切り身に塩をふって一晩ねかせたものを翌日焼くと、塩がなじんでうまみも熟成するから、ぜひ試してみてよ。旬のいいものは、皮にうまみがあって、身がふわっと柔らかくて絶品だよ！

風味豊かなしっとり味噌漬け

薄く塩をしたタチウオの切り身に、味噌を酒で溶いたものを塗っておくだけ。ラップに包んで冷蔵庫に入れて、２日目くらいが食べ頃になる。身がしっとりとして、焼くと皮目も香ばしくてほんとに美味しいの！　脂がのっている魚は味噌に漬けても

パサパサしないからぜひやってみて。

バターと相性抜群タチウオのムニエル

タチウオって実はバターとの相性がすごくいいのよね。もともと癖がなくてやさしい味わいなんだけど、バターと合わせるとコクが出て、豊かな風味になるの。

普通のムニエルの要領で、塩、こしょうして、小麦粉をつけ、サラダ油でソテー。最後の仕上げにバターを入れるのが、こげつかないコツ。レモンを絞っても美味しいわよ。

意外な美味しさ! タチウオの天ぷら

あまり聞かないかもしれないけど、タチウオって天ぷらにするとふわふわでとっても美味しいの。カマスの天ぷらもいいけど、私はタチウオのほうが好きかな。旬の太いものよりも、細めのものを三枚におろして作るのがおすすめ。たとえば、釣ってきた細いタチウオをもらったときなんて、ちょうどいいわよね。

鱈【タラ】

鍋の具の定番だけど、実は夏も楽しめる魚だよ！

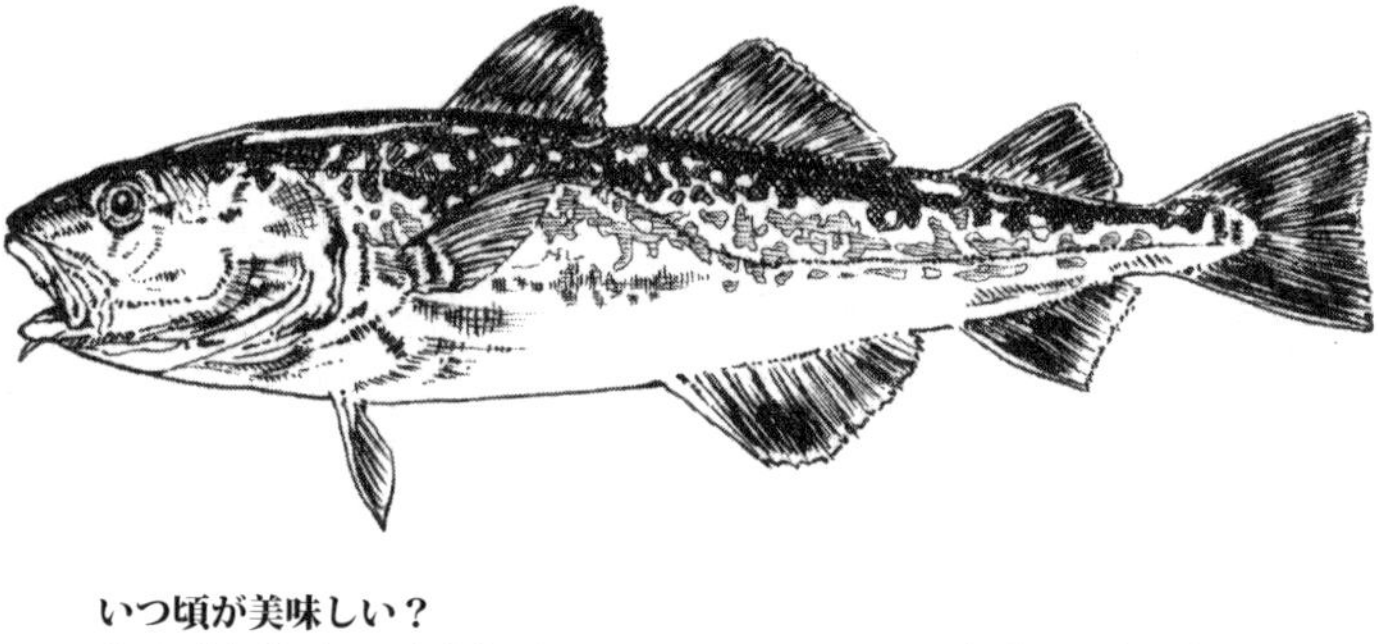

いつ頃が美味しい？

タラ（真ダラ）は産卵期が12月〜２月頃までで、一般的には冬が旬とされているが、実は夏も三陸などで美味しいものが揚がるので、７月〜３月頃まで漁場を選べば長く楽しめる。アメリカなどからの輸入ものも多く、国産はやや値段が高め。

一説には昔の50分の1ともいわれるほど、タラの漁獲量は年々減っているんだ。そのせいか冷凍の輸入ものが多いし、水っぽくてあまり好きじゃないという人もいるよね。

一般的に店でよく見る「甘塩ダラ」は解凍したものに塩をしているから、ちょっと白っぽかったりするけど、生のタラは身に透明感があって臭みも全然ないんだよ。

甘塩ダラばかり食べていて「タラって好きじゃない」といってる人も、生のタラを試すと印象が変わるんじゃないかな。

あと、タラといえば鍋を思い浮かべる人も多いように、冬の魚だと思われているけど、実は夏のタラのほうが身がプリプリして旨いんだ。そのかわり、夏は大きすぎるものはダメ。三陸で獲れる3～4kgの小ぶりのサイズのものがいいね。

味噌漬け、粕漬けなんかにしても旨いから、夏のタラも試してみてよ。

こうやって食べてみな！

先代からのうちの定番。タラのグラタン

うちの実家は魚屋だからかグラタンといえば具はタラだったのよね。私も自分が鶏肉が苦手ということもあり、それを受け継いでるの。

生のタラに塩をして水分をほどよく抜いてから、ホワイトソースと合わせてオーブンで焼くの。ほうれんそうとか好みの野菜を入れてもOK。

美味しいタラは臭みもないし、身がぷるっとして最高よ！

アラで作ると最高！タラちり鍋

冬の定番といえばやっぱり鍋だよね。冷凍ものしか買ったことがないって人は、ぜひ生のタラで作ってみてよ、全然味が違う

から！

あと、本当はタラのアラが手に入れば、それで作ると最高に旨いんだけどね。うちの店のものは新鮮だから、さっと水で洗うだけで湯引きしなくても変な臭みはないよ。

あんまり上品じゃないけどさ、うちでやるときはテーブルに新聞紙を敷いて、アラの身にしゃぶりついて、細かい骨をそこに捨てながら食べるんだよ。そのときはみんな無言だよね（笑）。まあそれだけ旨いってこと。タラのアラは美味しさを知ってる人がすぐ買ってっちゃうから、見つけたら即買いだね。

タラの味噌漬け・粕漬け

あんまり知られていないみたいだけど、実は味噌漬けにすると旨いんだよね。タラは水分が多いから、薄く塩をふって一晩冷蔵庫でねかせてから味噌や酒粕に漬けると上手にできるよ。漬けて3日目くらいが食べ頃。

その他の楽しみ方

- **塩焼き**
- **ムニエル**
- **カレー焼き**

寒くなったら
濃厚な脂が旨い
天然ものの食べどき

鰤

【ブリ】

いつ頃が美味しい？

ブリは水温が上昇すると北上し、水温が低くなると南下する回遊魚。日本各地で獲れるが、10月頃は北海道、12月以降は日本海の大型のものが特に美味しい。10月～３月頃が旬の目安。夏はイナダやワラサなど、小型のブリが旬。

第1章にも書いたけどさ、真夏なのに「ブリをください」って買いにくる人がたまにいて、俺はそういうお客さんを見ると、本当に旨い旬を知らないなんて気の毒だなあ、って思っちゃうんだよね。

ブリは冬が美味しい魚。といってもブリは出世魚だからね。夏はイナダとかワラサとか、ひとまわり小型のものがあって、冬のブリのような濃厚さはないけど、それはそれでさっぱりして旨いんだ。

うちでは10月頃なら北海道、もっと寒い時期は日本海のブリが多いかな。この頃のブリは大型のほうが旨いし、味も濃厚で最高に旨いよ！

こういうブリは照り焼きもいいけど、まずは塩焼きで食べてみてよ。脂がとろ〜っとして本当に旨いから！　あとは、しゃぶしゃぶも外せないよね。お湯にくぐらせても身が全然パサパサしないし、むしろ脂の甘みが引き立っていい香りが鼻から抜けて実に旨い。養殖のブリとはひと味違うから、寒い季節になったら天然ものの旨いブリを味わってみてよ。

こうやって食べてみな！

塩だけで この旨さに驚き！ ブリの塩焼き

ブリといえば照り焼きが多いけど、脂がたっぷりのったブリはぜひ塩焼きで。**身はジューシーだし、皮まで本当に旨いから！**いいブリが入ったらお客さんにもまずは塩焼きで食べてくれ、って俺はすすめているんだ。

冬の贅沢 ブリしゃぶ

塩焼きの次は、ぜひしゃぶしゃぶで！さっとお湯にくぐらせる程度の半生で食べるのがちょうどいい。ねぎを添えて塩やポン酢で食べるのがおすすめ。旬の美味しいブリは甘みもあって最高に贅沢よ！

大根でさっぱりみぞれ煮はいかが

照り焼きも美味しいけど、もう少しさっぱり食べたいときにおすすめなのがこちら。

しょうゆ、酒、みりんなど濃いめの汁でブリを煮て、仕上げに大根おろしをたっぷり入れて一煮立ちさせれば完成。

食べるときは大根おろしを煮汁にからめて。さっぱり食べられるし、時間がないときも手軽に作れておすすめよ！

その他の楽しみ方

- **刺身**
- **たたき**
- **サラダ**
- **照り焼き**
- **ブリ大根**

刺身以外にもいろんな旨い食べ方がある

鮪

【マグロ】

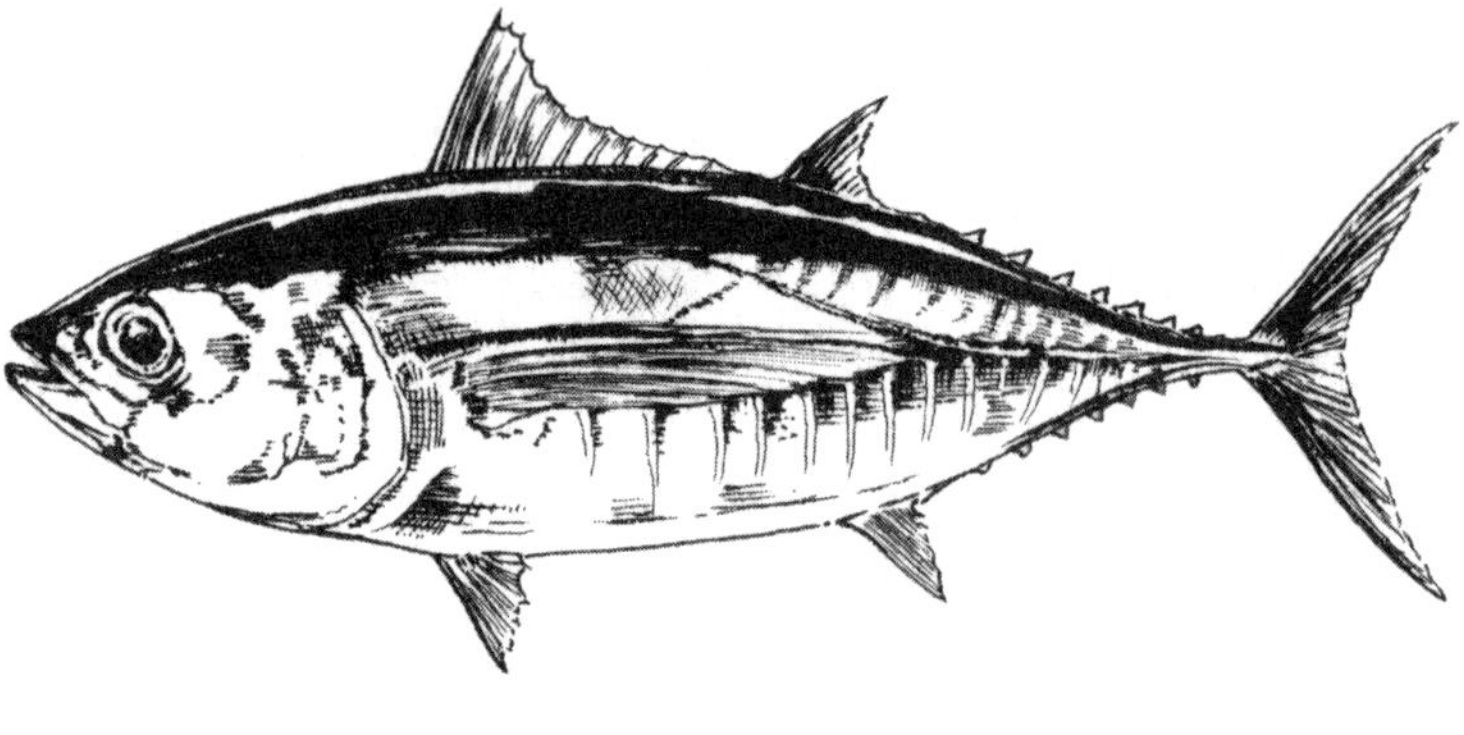

いつ頃が美味しい？

マグロは大きさや種類を選べば一年中楽しめる。クロマグロ（本マグロ）、ミナミマグロ（インドマグロ）、バチマグロ、キハダマグロなどの種類があり、生息地も大きさも味もそれぞれで違う。脂がのっているのはマグロの王様ともいわれるクロマグロと、ニュージーランドやシドニー沖などの低水温の海域で獲れるミナミマグロ。クロマグロの天然ものはなかなか手に入らない。近年、養殖ものも増えてきている。

マグロはプロでも見極めが難しい魚なんだよね。見た目は脂がのっていそうなのに、食べてみるとそうでもないとか、逆もあるしね。みんな「大間のマグロ」とか聞くと舞い上がっちゃうけど、確かに12月～1月くらいの時期は最高に旨いのがあるよ。でも、時季はずれだったりその時の大きさによってはそうでもないし、他にもいろいろ美味しいマグロもあるんだから、**情報に振り回されず、ちゃんと自分の舌で味わってほしいよね。**

マグロは刺身で食べるともちろん旨いけど、他にもいろんなおすすめの食べ方があるよ。たとえばバチマグロの大とろなんかはステーキにすると旨い！　**大とろは筋が多いけど火を入れると柔らかくなる**し、にんにくじょうゆなんかで食べると最高だね。あと、ユッケもいいし、油で揚げてマグロカツ、なんてのも旨いよ。

うちは、親父の代から旨いマグロを見つけてくるのはお手のもの。お客さんも「天然のマグロで、しかもこのボリュームでこの値段なんて！」って驚く人もいるくらいなんだ。

こうやって食べてみな！

大とろのステーキ にんにくじょうゆ添え

フライパンで大とろの両面を焼いて、にんにくじょうゆをつけて食べる。熱を入れると筋も柔らかくなるから食べやすいし、大とろは脂がしっかりあるからすごく旨いよ！　ねぎと一緒に串に刺して焼くのもおすすめ！

ご飯のお供に最高 中落ちマグロのユッケ

マグロの中落ちに、卵の黄身とのり、ねぎを入れて混ぜ、しょうゆとごま油を合わせればユッケのでき上がり。酒のつまみにもいいし、ご飯にもものすごく合うよ！

肉より旨い!? マグロカツ

赤身の部分なんかはとんカツと同じように、衣をつけて揚げるのも旨いよ！　あとは、大とろの筋の多い部分なんかでやってもイケる。
うちの大学生の甥っ子なんて、これを食べたら「へたな肉よりずっと旨い！」って喜んでたよ。

つなぎなしでOK ねぎとろ団子のお吸い物

中落ちをそのまま食べるのもいいけど、実はつみれみたいにして汁物にするととっても美味しいの！

作り方はほんとに簡単で、何も混ぜずに中落ちを一口大の団子に丸めて、沸騰したダシ汁に落とすだけ。つなぎを何も入れなくても、ちゃんとまとまるのよ。脂の多い部分だからパサパサすることもないしね。
仕上げに塩をふり、しょうゆをたらして、刻んだねぎを入れると美味しいお吸い物のでき上がり。マグロのうまみたっぷりの汁、ぜひお試しあれ！

その他の楽しみ方
- **ねぎとろ**
- **ねぎま鍋**

蛸【タコ】

タコはモーリタニアなどからの輸入ものが多くて一年中出回ってる。普通は塩ゆでしたものを売ってるから、そのままぶつ切りでしょうゆをつけて食べてもいいし、きゅうりと和えて酢の物、天ぷらも旨いよね。

あとは、タコ飯もなかなかイケる。タコは水分が出るから、ダシ汁とみりん、しょうゆ、酒で軽く煮るといい。冷めたら米に加えて水分を調節して炊飯器で炊くだけ。

もしタコの頭が手に入ったら、俺のおすすめは細く刻んで甘辛く炒めるきんぴら。なかなか乙なつまみになるよ。

国産ものなら夏の北海道で獲れる水ダコを試してみてよ。水ダコは大きなものになると40kgくらいあるんだけど、甘みと柔らかさが普通のタコとは断然違う。

新鮮なものは薄くそぎ切りにして生のままカルパッチョにしてもいいし、さっとあぶって、水菜、玉ねぎのスライス、みょうがと和えてドレッシングをかけたサラダにしても合う。シャキシャキとした水菜と相性がよくて、さっぱり食べられるよ！

普通のタコみたいに固くならないから、しゃぶしゃぶにしても旨いよ！　あと、生の水ダコに軽く塩をして、半日くらいキムチの素に漬けても美味しい。新鮮なタコじゃないとできないけど、歯ごたえも抜群だし、おつまみにぴったりだよ。

赤鯥
【アカムツ】

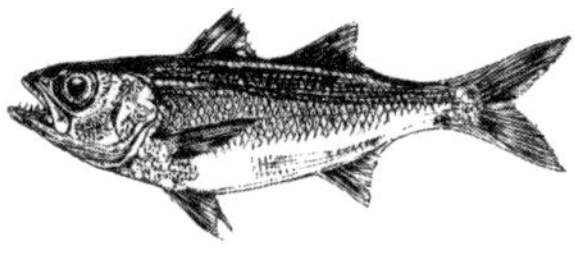

北陸地方でノドグロと呼ばれている赤ムツは、今やブランド化して高級魚になっちゃったけど、身が柔らかくて脂が軽いから人気があるよね。
赤ムツはけっこうあちこちで獲れるから、うちでは時期によって旨い産地を選りすぐってほぼ一年を通して置いている。赤ムツは上品な白身だから刺身や塩焼き、煮

つけなど、あまり手を加えないでシンプルに食べるのがおすすめだね。寿司店では〝あぶり〟にすることも多いよね。

あと、黒ムツは同じムツでも赤ムツとは種類が違うんだけど、濃厚な脂の甘みがある白身で、いいダシが出るから、鍋やアラ汁にしても旨いよ。黒ムツは漁獲量が少ないからうちでも年に数回店に並ぶかどうかという魚で値段も高いけど、もし見かけたらラッキーと思って試してみてよ！

ムール貝

ムール貝と呼ばれるのはイガイという貝で、種類がいくつかあるんだけど、店でよく見かけるのはムラサキイガイのこと。パエリアなんかによく入っているけど、濃厚なダシが出るから、アサリやシジミと同じように貝から出たスープもまるごと味わいたいよね。鍋や野菜スープ、グラタンなんかにしてももちろんイケるし、身もプリプリとしているから、シンプルにワイン蒸しで食べるのも旨いよね！

塩とオリーブオイルをかけ、モッツァレラチーズ、ドライトマトをのせてオーブンで焼いたらオードブルにぴったり。あと、酒をふってレンジで軽く蒸したムール貝に刻んだねぎと鷹の爪を散らし、アツアツのごま油をかければ中華風にも！

帆立て貝
【ホタテガイ】

ホタテはご存じのように、マリネ、バター焼き、天ぷら、鍋、炊き込みご飯、グラタンなどどんな料理にも合う食材で、生でも焼いても煮ても美味しいよね。

中でもお手軽なのは、ホタテの磯辺巻き。生のホタテをのりで巻き、わさびじょうゆをつけて食べる方法。手間もかからないし、ホタテの甘みとのりの風味がすごく合うから試してみてよ。

あと、塩をふって昆布にしばらく挟んでおいてから食べるのも旨い。昆布のうまみを吸って美味しくなるから昆布締めは淡泊な味の魚介にとてもよく合うよね。

ちょっと贅沢だけど、ホタテに酒で溶いた塩ウニを塗って、軽くあぶって食べるのも美味。

ひとつ、ホタテを調理する際のポイントとしては、貝柱はケーキをカットするときのように縦に切るほうがいい。横にスライスしてしまうと繊維が断ち切られてせっかくの甘みやうまみが逃げてしまうから、覚えておくといいよ！

鰊【ニシン】

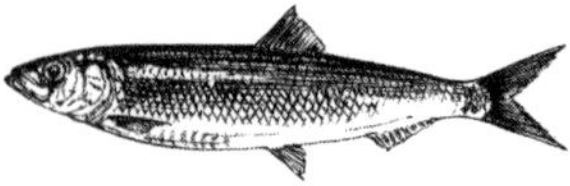

丸干しや身欠きニシンがよく出回っているけど、うちは生で扱うことが多い魚のひとつ。

なんといっても塩焼きが抜群に旨いけど、実は生で食べても旨い魚なんだよね。ニシン独特の渋みが酸味とよく合うから、ポン酢と和えるのもいいし、薬味やスパイスをきかせても美味しく食べられるよ！

たとえば、食べやすい大きさに切ったニシンに塩をして、すりおろしたにんにく、オリーブオイル、粒マスタード、ポン酢を加えて軽く和えたりしても旨いんだよね！

白魚

【シラウオ】

シラウオは足が早いので、特に生で食べるなら新鮮なものを選ぶことが絶対だよね。ちょっと鮮度が落ちると、すぐに臭みが出てきちゃうからね。

うちでよく売るパック入りのものは、量が多いんだけど、その日は生で食べて、翌日は調理して食べるといいよ。

ペペロンチーノ風のパスタにしても旨いし、アヒージョにするのもおすすめ！　にんにくを入れたたっぷりのオリーブオイルでカリッとするまで火を通すのがコツ。生とはまた違った食感になって絶品だよ！

あと、シラウオは卵とじも定番だよね。みりんやしょうゆを加えたダシ汁にシラウオを入れて一煮立ちさせたら、溶き卵を少しずつ加える。卵がほどよく固まったら好みで三つ葉を散らせばでき上がり。お吸い物みたいにダシ汁をたっぷりめに入れるのがポイント。卵のふわふわとシラウオの甘みがよく合ってやさしい味わいだよ！

海胆

【ウニ】

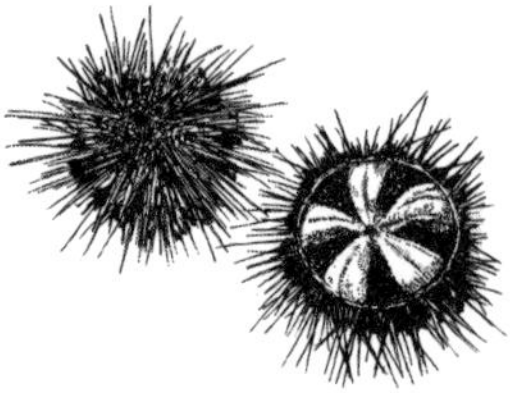

みんなも知っているように、ウニはとにかく値段が高いよね。俺ら魚屋でもウニの相場は予測がつかないくらいで、日によっては1箱3万円なんていう、目玉が飛び出るほどの値段がつくこともあるんだ。

でも、それもそのはず。ウニは基本的に漁場によって漁の時期や時間が決められていて、海女《あま》さんたちが一つ一つ海に潜って獲るわけだし、天候にも左右されるから漁獲量が安定しないんだ。価格が下がることはまずないから、庶民の口にますます入りにくくなるかもしれないね。

ウニは6月頃～8月のお盆くらいまでは北海道、三陸産が旨いし、夏以降は外国産でもボストンあたりでいいものが獲れたりする。実はチリ、中国、韓国などいろいろな国で獲れて、安いものは回転寿司のネタになってたりするんだ。

ウニはもともと値段が高いわけだから、安いものは味もそれなり、ってことは想像がつくよね。せっかく食べるなら、ちょっと奮発してでも旨いウニを買ってほしいね。

蟹【カニ】

通販や産地直送の安いカニに飛びつく人は多いけど、カニは漁獲量が激減して年々価格が高騰してるのが実情。毛ガニなんかも北海道のいいものは1kg1万円くらいで取り引きされているから、本当に美味しいカニは、ますます庶民の手には届かなくなってきたよね。

実はカニは脱皮を繰り返しながら大きく成長していくので、カニを買う際は脱皮直後の時期を避けることがポイント。たとえば毛ガニは春先の3月頃に脱皮をするんだけど、脱皮したてのカニは「若ガニ」と呼ばれ、脱皮にエネルギーを使い果たしているから、値段も安いかわりに身もスカスカで美味しくないんだ。

あと、年末になると値段が跳ね上がるタラバガニも産地としっかりした業者のものを選ばないと損。蟹は本来割れちゃったら正規品にならないんだけど、それをつぎはぎしてくっつけて売ったりするところもあるからね。年末の頃のものなら今はアラスカ産のものが旨いから覚えておくといいよ。

鰆

【サワラ】

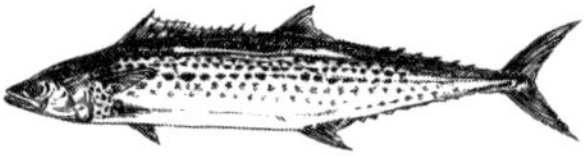

サワラというと、味噌漬けや粕漬けくらいしか食べ方を知らないし、パサパサして苦手だという話をよく聞くんだよね。

実は、本来はサワラじゃないのに「サワラ」と名前がつく魚が市場にもたくさん出回っていて、市販の粕漬けや総菜の中には、サワラと書いてあっても実は違う種類の魚が使われていることも多い。ニュージーランドなどの南半球で獲れるバラクータという魚が「オキサワラ」と呼ばれていたりするみたいだしね。ちなみに鯛やカレイなんかも「○○鯛」「○○カレイ」って和名がついてるけど、実際は種類の違う外国の魚、ってことも多いから店で確認してみるといいかもしれないね。

そういうことがあるから、本物のサワラは他の魚と区別して「本サワラ」と呼ばれることもあるんだけど、旨いサワラは香りがいいし、味噌漬けにしてもパサついたりしないよ。刺身で食べるのも旨いし、照り焼き、蒸し物、南蛮漬け、といろんな料理が楽しめるんだ。

第3章

巷でいわれている魚のウソ、ホント

親父も目利きと評判だったけど、
うちの弟はさらにその進化版なんじゃないかな。
魚のことはかなりマニアックに勉強してるからね。
あいつ独自の視点で、世間でまかり通ってる魚に関する勘違いや、
知っておくといい情報なんかを話してもらうね。

「大間のマグロ」がいつでも美味しいとは限らない

テレビとかでよく取り上げられる「大間のマグロ」。みんな大間産っていうだけで「わあ～、すごい」ってありがたがるけど、大間のマグロだって一年中ずっと美味しいわけじゃないんだよ。

マグロは夏は海水温の低い北へ、冬は温かい南へ海流にのって太平洋を回遊しているんだけど、長い距離を移動する産卵直後は身が痩せるし、もちろん個体差もある。よく考えれば当たり前のことだとわかるよね。魚は生き物なんだから。

なのに、みんな「マグロは大間が最高」なんて情報に振り回されて、目と耳だけで美味しく感じて幸せな気分になっちゃう。プロの俺らにいわせると、確かに最高に旨いときもあるけど、いつ食べても旨いとは限らない。その時期その時期で旨いマグロが獲れる場所は変わるんだよ。明石のタコや氷見《ひみ》のブリとか他の〝ブランド魚〟も同じこと。でも相変わらず名前だけで高い魚を買ったり、それを売りにしたりする食べ物屋は後を絶たないよね。

お客さんに「ここは大間のマグロは置いてないの？」なんていわれるとがっかりするよ。

だから何度もいうけど、魚は食いもんなんだから、目や耳で味わうんじゃなくて、自分の舌でちゃんと味わって〝本当に美味しいのか〟を感じてほしいね。

産地直送だから美味しいなんて大間違い

「産地直送」ってワードにもみんな弱いよね。その土地の名産品になっていたりするし、新鮮な魚がすぐに届くイメージがあっていかにも旨そうに聞こえるかもしれないけどさ。俺は「産地直送してます」っていうのが売りでやってる店には絶対に行かないね。

なぜかというと、そもそも、日本中の旨い魚は全部、築地に集まるんだよ。理由は簡単。築地に出したほうが魚が高く売れるから。港に揚がる魚のうち、いいものは築地に出荷して、で、残った規格外の魚を地元で消費したり、産直品として一般の人たちに安く提供したりするんだ。

だから、産地直送の魚が美味しいとは限らない。それに、市場を通したものはきちんと検査などが行われているから、安心・安全だという点も大事なことだと思うよ。

つまり、俺らからみると〝築地こそ世界最大の産直市場〟ってこと。イメージや言葉の響きだけに惑わされないでほしいね。

生で食べられることが「最高」じゃない

〝魚は生で食べるのがいちばん〟と思い込んでいる人は本当に多いんだよね。

でも、旨い魚の食べ方というのは、新鮮でいいものは刺身にして、古いものは火を通して、って単純なものじゃないんだ。たとえば、今もてはやされているノドグロなんかも本来は刺身にするより煮魚や焼き魚にするのが美味しい魚。

カキだって、生で食べられるものをあえてレンジで温めると、香りが引き立ってぐんと甘

み も 増す。それぞれの魚の特徴や獲れる時期によっても、美味しさを引き出す方法はさまざまだから、何でも生で食べれば旨い、っていう思い込みはもうそろそろ捨ててほしいよね。

獲れたての魚＝旨い魚という勘違い

〝獲れたて〟〝新鮮〟〝ピチピチ〟って言葉にもみんな弱いよね。もちろん、古くなった魚を買いたい人は誰もいないだろうけど、でも獲れたての魚が全部美味しいわけじゃない、ってことは基本としてわかってほしいな。

産地直送を魅力に感じる理由も、その土地の獲れたての魚＝旨い魚っていうイメージや思い込みがあるからだと思うけど、獲れたてかどうかとその魚が旨いかはまったく別の話。獲れたてだけど旬じゃない魚だってあるし、獲れたてだけど脂がのってない痩せた魚もある。そう聞くと、「確かにそうかもしれない」と思わないかな？

もっというと、釣り人がその辺で釣ってきた〝獲れたてで新鮮〟な魚と全国から選び抜かれて築地に届く魚、どっちが美味しいか考えてみれば明白だよね。

料理屋でも生け簀《いす》の魚をその場でさばいたりすると「わあ〜、新鮮で美味しそう！」ってありがたがるけどさ。生け簀にいるのはだいたいの場合養殖の魚だけど、餌ももらえずに数日そこにいた魚がどんな状態になっているか想像してみてよ。獲れたてという言葉の曖昧さがわかるんじゃないかな？

〝いい魚〟と〝旨い魚〟は違う

俺らはできるだけ天然ものの旨い魚だけを選りすぐって、お客さんに喜んでもらえるように日々努力しているわけだけど、旨い魚というのは、〝いい魚〟とはちょっと意味が違うんだ。一般的に言われるいい魚とは値段が高くて高級な魚のこと。そういういい魚はたいてい高級な料理屋が持っていくし、家庭で味わうには値段が高すぎて売れないよね。だから俺らはいい魚だけじゃなくて、値段に見合った旨い魚かどうかで仕入れる魚を吟味するんだ。

じゃ、旨い魚って何かというと、まずは天然ものか養殖ものかでいったら断然天然もの。養殖の魚は脂がのっていたとしてもギトギトしてるだけで、脂に甘みも香りもないし、身がゆるんでへたっているものが多い。一方、天然ものの旨い魚は、口に入れたときまず甘い！って感じられて、嚙むとさらに甘みが増して、呑み込むときに鼻から抜ける香りがよくて、余韻がある。それが俺の思う旨い魚だね。

要するに、旨い魚とそうでない魚の違いは脂の質の差といってもいいかもしれない。だから脂がないガリガリの魚は、天然ものだろうと、活け締めものだろうとダメ。一山いくらで売ってる特売の魚と比べられたらうちの魚は安くないけど、決して高級な魚ではない、でも、旨いんだ、ってことを知ってほしいね。

魚の「旬」には2通りの意味がある

魚の旬というのは実は2通りの意味があるんだ。いっぱい獲れることを意味する「旬」

と、その魚が一番旨い時期を表す「旬」。

たとえば、タチウオやイサキは夏が旬、と本にも書いてあるけど、それはいっぱい魚が獲れる時期の旬であって、俺らのようなプロからみると美味しい時期の旬は終わっている、ということがあるんだ。

寒ブリの最盛期といわれるのも2月頃だけど、ブリは10月頃から美味しくなるので、2月より前のほうが旨いブリが揚がることが多い。サワラ（鰆）は魚へんに春って書くけど、脂がのってて一番美味しいのは10月～3月くらいまで。それ以降急に全部がまずくなるわけじゃないけど、美味しいものが獲れる確率はぐっと下がる。

サンマはみんな秋が旬って思ってるよね。でも実は8月のお盆の頃に北海道で獲れるものが最高に美味しい。頑張っても旨いのは9月いっぱいくらいまでじゃないかな。それ以降は南下してきて大量に獲れるから、1尾100円で特売するところもあるけど、味はやっぱり落ちるよね。

といっても、必ずいつもこの時期のものがいい、と杓子定規に決まっているわけじゃない。

イカなんかも種類によってそれぞれ美味しい時期が違うし、獲れる場所や時期、成長度合いなど、いろんな要素が重なって初めて旨い魚といえる。それに、その年によって気候も魚の状態も違うからね。戻りガツオだって8月、9月になっても戻ってこない、みたいなズレが起きることだってあるから、あくまで旬は目安でしかないんだ。

それに旬が昔と違うのは、漁の仕方も関係しているよね。昔は魚がゆっくり成長しながら日本の海に来るまで待って獲っていたものを、今はこっちからわざわざ迎えにいって、美味しくなる前に一網打尽にしちゃうわけだから。

まあ、昔に比べると漁獲量もずいぶん減ってきてるし、いろんな事情で魚の選び方も難しくなってきていると思うね。だからこそ、日々旨い魚を提供するために、俺たちはきちんと吟味して選んでいるんだ。

〝大量に獲れる旬の魚〟を安く買うのは簡単だけど、〝本当に旨い旬の魚〟を手に入れられるかどうかは、プロの目利き次第ってことだよね。そういう魚が食べたければ、目利きのいる店で買うのがいちばんだと思うね。

魚の皮は美味しい？ まずい？

世の中には「魚の皮が美味しい」という人と「まずいから皮は食べない」という人に分かれるよね。実は魚の皮が〝美味しい〟と思ったことのある人は、旨い魚を食べたことのある証拠。魚の皮にこそ、旨い魚とそうではない魚の味の違いがはっきり出るんだ。

旨い魚の皮は、焼くとカリッとして香ばしいし、煮てもとろりとして最高に美味しい。逆にそうではない魚の皮は熱を入れると固くなってゴムみたいな食感になるだけ。風味もないし、嫌いと思うのも当然だよな。だからお客さんに魚の皮の好き嫌いを聞くと、どんな魚を食べてきたか、魚の経験値がある程度わかるんだ。

でも、うちの魚を食べてもらえれば、皮が大嫌いな人にも好きになってもらえる自信はあるよ（笑）！

殿様がマグロの赤身しか食べなかった本当の理由

マグロの赤身を好む食通の人とかが、「昔の殿様もマグロは赤身しか食べなかったんだよ」と、昔からとろより赤身を好む人のほうが通だった、みたいにいったりするよね。

もちろん、俺も旨い赤身は最高だと思うけど、殿様が赤身しか食べなかったのには別の理由があるんだ。冷凍技術があまり発達していなかった昭和30年代くらいまでは、マグロが獲れると船の貯蔵場所に入れて、その上に氷をかけ、また獲れたらその上に重ねて氷をかけて、という方法で保存して、外洋から日本まで運んできていたんだ。

もちろん、漁を終えて帰ってくるまでには何日もかかるわけだから、そうすると下のほうに積まれたマグロほど腐った水に漬かって、腐敗が進んでくるよね。腐敗は外側から進んでくるから、とろの部分はダメになってしまって、食べられるのは芯に近い赤身の部分だけ、なんてことが多かった。ちなみにダメになったマグロのにおいは強烈だよ。それこそ〝ヴ〇コ臭い〟んだから（笑）！

そんな理由があって、上のほうに積まれた状態のいいものや赤身の部分は、それこそお殿様たちや高級料亭、高級寿司店なんかに流れていった。当然、庶民の口に入るのは下のほうに積まれた安いマグロだから、臭みをごまかすために、ねぎと一緒に煮込んでねぎまなんかにして工夫して食べていたんだよ。

俺たちの親父の時代は、どこまで使える部分があるかわからない、いわば〝グレーゾーン〟のマグロの状態を見抜いて買い付けるのが、魚屋の目利きの技だった。買ってみたらほとんど使えるところがなかった、なんてことになったら大損だからね。

だからよく親父はマグロが並んだ中から見定めていくつか選んで「これとこれに指を突っ込んで嗅いでみろ」っていってたんだ。実は本人は蓄膿で鼻が利かないもんだから人に確認をさせてたみたいでさ（笑）。今でも昔うちの店で働いてた若い衆に「親父さんにはマグロを何度も嗅がされたよ」っていわれるよ。

安い魚にはそれなりの訳がある

生の状態で1尾300円で売っているキスが、フライ用に加工されて100円で並んでいたりするよね。あるいは500円の弁当にフライが入ってたり。でも、手間がかかっているほうが安いっておかしいと思わない？　そういうのはだいたい海外から輸入する加工魚なんだけど、安いってことはそれなりの訳があると思ったほうがいい。

もちろん、国の法律や基準に従って加工処理をしているから問題があるわけではないけど、日本で穫れた天然の魚とはやっぱり違う。安いだけで飛びつくんじゃなくて、ちゃんと考えてみたほうがいいよね。

あと、築地に行けば安くていい魚が買えるって思っている人は多いよね。でも、素人が〝まけて〟と値切って簡単に買える魚にいいものはまずないね。

前に築地でカニを値切って買っている人を見かけたけど、俺たちプロが見ると身の入りがあまいもので、全然安くなんかなってない。普通に値段なりのものだったんだ。人様の商売の邪魔しちゃいけないから「やめたほうがいいよ」なんてもちろんいわなかったけど、そのお客さんがかわいそうに思えたよ。つまり、〝掘り出し物〟はそうそうないってこと。

一般的にいわれている魚の見分け方の勘違い

よく、素人にもわかる「いい魚の見分け方」とかがテレビや雑誌で紹介されてたりするけど、俺らのようなプロからすると、どうだろう？　って疑問に思うこともあるね。

たとえば〝ピカピカ光っている魚が新鮮さの証〟なんていわれたりするけど、俺らの経験でいうと、うろこがピカピカ光ってる魚は、固くてあまり脂がのってないことのほうが多かったりする。巻き網で獲ったものは皮に傷がついたりして、だいたいの人は「この魚傷んでるんじゃない？」って敬遠するけど、釣りで獲ったピカピカの魚より、身がふわふわして美味しいこともあるんだ。

イカの鮮度も、黒っぽいほうがいいとかいわれるけど、獲り方や、運搬の時の状況で色が変わることがあるから、鮮度の見極めの参考にはあまりならない。むしろ俺らはイカの鮮度は目で判断するんだ。新鮮なものは目が飛び出てるけど、鮮度が落ちてくるとだんだん引っ込んでくる。

それから身が大きいほど美味しくて高級、というのも間違い。いくら大きくても産卵後で脂が抜けちゃったものは旨くないし、小さくても産卵前で旨いってこともある。魚の鮮度や味をみて判断するのは、残念ながら素人には難しい部分もあるから、自分で思い込まないでまず魚屋に聞いて、そして食べてみて判断してほしいな。

メニューの魚を見ればそのレストランの質がわかる

〝シェフが築地で選んだこだわりの魚料理〟なんて謳《うた》ったメニューで、実は時季はずれの魚を高い値段つけて出してる店、結構あるんだよね。思わず「こだわってるのは値段だけじゃないのか?」って突っ込みたくなるけどさ(笑)。

たとえば、2月に夏が美味しい旬のスズキをメインの料理で出してたりね。まあ今は冷凍技術が発達してるし、フレンチなんかはソースで食べるようなものだから、料理人の手にかかると、美味しいソースに合わせるから、普通の人は気づかないことも多いんだと思う。

特にランチなんかはコストが厳しいから、原価を下げるためには仕方がないんだろうけどね。でも、そういう魚はやっぱり本当の旬のものに比べると味は落ちるんだよね。

だから、消費者のほうも基本的な魚の旬の知識くらいは身につけて、その辺も見極められるようになるといいなと思う。せっかくお金を出すなら本当に旨い魚を食べてほしいよね。

いつ来ても〝合格点〟をもらえる魚屋とは

まあ、うちは派手に手広くやってる店じゃないけど、なるべく旨い魚だけを売りたいんだよね。

一般のお客さん向けに高級魚ばかり揃えることはできないし、時期によってはどうしてもいいものが手に入らない場合もある。だから店に置いている魚全部がつねに100点満点というわけにはいかない。でも、誰が食べても最低75点はもらえるものを置くように努力しているんだ。

とにかく、俺は自分の判断基準で「イエスか」「ノーか」で魚を選んでいるから、いくら安くても旨そうじゃない魚は買わないし、たとえ築地で残り物になっていたとしても旨ければ扱う。とはいえ商売上、料理屋からイワシやアジ、マグロなんかは季節を問わず毎日のように注文が入るしね。それに応じて旬でなくてもどうしても揃えなきゃいけない場合もある。

そういう事情で積極的におすすめしない魚もあったりするから、買おうとするお客さんには「今日はこの魚は買わなくていい」って正直にいうよ。週末にまとめ買いにきた常連さんに「え～？　もっと買いたいのに」っていわれたりするけど（笑）、やっぱりお客さんには旨い魚を食べてほしいんだ。

ちなみにうちの魚の値段は、業者も一般のお客さんもまったく同じ。料理屋だからとか、大量に買ったからといって特別扱いしたり、まけたりしないんだ。うちの魚は安くはないかもしれないけど、決して高くは出してない。どのお客さんにも平等に適正な価格で売りたいから、そこは大事にしているルールなんだよね。

魚キヨ流、旨い魚を見極めるコツとは？

旨い魚についていろいろ話してきたけど、結局、どの魚が旨いかっていうのは、ひとくくりにして断定できないものなんだ。大間のマグロしかり。いくら有名な産地でも時季がはずれたらちっとも旨くないし、魚体が小さくてもダメ。

ひとついえるとすると、俺たちが旨い魚を見極める方法は、「時期」「産地」「大きさ」の3つの条件が揃っていること。たとえるなら、自転車のカギについたダイヤルロックみたいなものなんだよね。「時期」「産地」「大きさ」の要素がピタッ！　と合致して初めて旨い魚といえるんだ。

たとえば、サンマ。前にも書いたけど、8月のお盆の頃から9月くらいまでに北海道で獲れるサンマは脂がのっててとびきり旨い。でも、10月を過ぎてしまうと同じサンマでも味は格段に落ちる。なぜかというと、サンマは北海道あたりから千葉の銚子のほうへ南下していくんだけど、ゴール地点の銚子に着く頃には泳ぎきって疲れ果て、身は痩せて細く、脂も落ちてしまう。それでも大量に獲れるから、〝秋の旬の魚〟ってことで安く売ってたりするけど、やはり北海道で獲れたときのものとは比べ物にならないんだ。

スズキは外海を泳いでいるものが旨い。湾で獲れるものだと独特のクセが強くなるから。

冬が旬のブリは大型のもののほうが断然旨い。6~8kgのものが一般的だけど、うちでは10kg以上のブリを選ぶ。逆にブリほど濃厚さはないけど、夏は小型のイナダやワラサが旨いよね(ブリは出世魚で、小型のものはイナダやワラサと呼ぶ)。

他の魚も同じで、俺たちは「この時期にこの漁場で獲れた、このくらいのサイズのものが美味しい」という経験を元に旨い魚を見極めているんだ。

だから、第2章で紹介したそれぞれの魚の旬や獲れ場はあまり鵜呑みにせず、あくまで目安だと思って読んでもらいたいね。

おわりに

「魚キヨさんの本を出版しませんか？」

担当編集者がそう声をかけたとき、「うちは、そういうのはいいよ」と、最初はまさしく〝にべもなく〟ふられてしまった（ニベとはスズキ目ニベ科の魚である）。

だが、その真意はのちに取材を進めるうちに、少しずつわかってきた。

メディアは情報のある一面だけを取り上げてしまう〝クセ〟がある。「今注目の高級魚！」とか「〇〇産の魚がとんでもなく美味しいらしい」などと巧みな言葉や映像であおり、皆が飛びついてしまうことを苦々しく思っていたのだという。

「文字にするって難しいんだよ。『旬は何月です、どこで獲れたのが美味しいです』なんてことを書くと、読んだ人はそれ以外だめだと決めつけるだろ？　そんなひと言で線引きできるものじゃないからさ。というか、魚は食いもんなんだから、そうやって頭だけで考えるなってことを、わかってほしいんだよね」

彼らは取材のたびに何度も繰り返し、そう語っていた。というわけで、この本で紹介した旬や産地はあくまで目安であることを、まずは重ねて申し上げておきたいと思う。

そして。この本を読んですぐにでも魚キヨに走りたくなった人に少しだけアドバイスを。魚キヨに行くなら、断然夕方が狙い目である。魚が到着する昼過ぎに店は開くが、冒頭でも書いたように、開店すぐは魚を買い付けにきた業者たちで騒然としていて、「早くこっちに並べろよ！」「あのマグロの箱、どこだ⁉」なんて怒号のような声が飛び交い、プロの男たちの〝熱き戦い〟が繰り広げられている。初めての人は尻込みしてしまうこと確実なので、店が落ち着く午後3時半以降、できれば夕方5時以降のほうがゆっくり魚を吟味できるだろう（もちろん、開店直後に入っていく勇気のある方は遠慮なくどうぞ！）。

最後に……。魚料理がこんなにも手軽で旨いものであると開眼させてくれたことに取材スタッフ一同、感謝したい。苦手だった魚料理が今では楽しみでならない！

私たちが魚を見ても季節を感じられなくなってしまったのは、昔は当たり前のように街にあった魚屋が激減したせいもあるのではないだろうか。そんなふうに考えると、魚キヨのような真摯に頑張る魚屋がこれからもっと復活してほしいとも思う。

さて、今日も魚キヨに旨い魚でも買いにいきますか！

魚キヨ

東京・恵比寿駅前で、「祖父の代から魚屋」という
三代目の姉と2人の弟の三姉弟が営む店。
とびきり旨い魚を揃えると評判で、飲食店の仕入れ業者から
一般客まで、幅広い買い物客でいつも賑わっている。

編集協力　矢沢美香
ブックデザイン　内藤美歌子（VERSO）
イラスト　中根淳一（amulet label）
撮影　斎藤 浩（本社写真部）

恵比寿《えびす》「魚《うお》キヨ」が教《おし》える　本当《ほんとう》にうまい魚《さかな》の食《た》べ方《かた》

2015年10月29日　第1刷発行

著　者　魚《うお》キヨ
発行者　鈴木 哲
発行所　株式会社 講談社
〒112-8001　東京都文京区音羽2-12-21
電話（編集）03-5395-3527
（販売）03-5395-3606
（業務）03-5395-3615
印刷所　慶昌堂印刷株式会社
製本所　株式会社国宝社

ISBN978-4-06-299650-1